EL FIRMAMENTO ES TU LÍMITE

Estrategias y Tácticas para la Excelencia Profesional

EL FIRMAMENTO ES TU LÍMITE

Estrategias y Tácticas para la Excelencia Profesional

WAGNER MÉNDEZ

WAGNER
MANAGEMENT
GROUP

EL FIRMAMENTO ES TU LÍMITE

Categoría: Motivación/Profesionales/Autoayuda
Copyright © 2009 Wagner Méndez

ISBN: 978-1479-32-125-4
Independently published

Autor: Wagner Méndez

Diseño de portada: Aristóteles Morel

Corrector de estilo: Francisco Méndez

Foto de cubierta: Daniel Santana, Danny Foto

Diagramación: Alexandra Deschamps

Todos los derechos Reservados.
Ninguna parte de este libro puede ser reproducida
sin el permiso escrito del autor.

Contenido

Dedicatoria ix
Agradecimiento xi
Prólogo xiii
Introducción xv

Primera Parte
Sentando las Bases para la Excelencia Profesional

1. Definiendo la excelencia 3
2. Trabajando el carácter 9
3. En busca del trabajo ideal 19
4. Planificación 29
5. Excelencia académica como base
   para la excelencia profesional 35

Segunda Parte
El Ambiente Laboral

6. Tu carnet dice empleado 45
7. La actitud es clave para el éxito 57
8. Trabajo en equipo 69
9. Diversidad en el ambiente laboral 75
10. Liderazgo 85

Tercera Parte
Tu Futuro Profesional

11. Complementos profesionales..93
12. Enfoque estratégico y gerencial 99
13. Apertura económica y globalización 105
14. Incubando una visión emprendedora
    desde tu nido laboral..113
15. El Firmamento es tu límite...121

Dedicatoria

A mi hermana

Wanda Méndez

Tú has sabido sembrar para cosechar los frutos de la excelencia profesional. Gracias por tu excelencia para el orgullo de nuestra familia e inspiración para los demás. Gracias por tu incondicional apoyo profesional para que mis libros coqueteen con la excelencia

Agradecimientos

Es casi imposible continuar en la búsqueda de la excelencia profesional sin la ayuda e inspiración de otras personas. Sin ese apoyo, en algún punto del trayecto nos daremos por vencidos. Muchas personas han contribuido con mi inspiración para generar las ideas de este libro, a las cuales les reitero mi más sincero agradecimiento.

A mi esposa, Guarina Germán, y mis niñas Gianna y Shainy. Gracias por la inspiración que me brindan para continuar en la ruta de la búsqueda de la excelencia. Sin ustedes mi vida estuviera incompleta.

A mis padres y herman@s. Gracias por su inspiración y ayudarme a pensar en no ser un simple ente social que ocupa un espacio en esta tierra. Gracias por ayudarme a ver que existen modelos de excelentes profesionales dignos de imitar.

A mis amig@s y herman@s de la Iglesia de Cristo de Santo Domingo. Gracias por su inspiración para ayudarme a mantener presente que la excelencia no se debe limitar a esta tierra, sino que debe trascender más allá de estos límites. Gracias por ayudarme a ser cada día mejor para servir a la sociedad y para la gloria de nuestro Dios.

Al Dr. Luis Ernesto Pérez Cuevas. Gracias por ser un modelo de excelencia académica y profesional, al cual siempre nos motivaban a imitar. Usted ha sido el modelo de nuestros padres en ese aspecto y una fuente de inspiración para estereros, neyberos y muchos otros dominicanos.

Al Gral. Martín Herasme Santana. Gracias por su firmeza y seriedad en el desempeño de sus funciones militares. Usted ha llegado al punto de hacer sacrificios personales con tal de mantener su honestidad y rectitud. Gracias por su excelencia profesional y su ejemplo para todos los familiares y amigos.

A mi tía Virtudes Méndez. Gracias por su ayuda durante toda nuestra existencia. Sin usted, posiblemente yo no hubiese ni siquiera sobrepasado la etapa de la niñez. Gracias también por abrirnos el camino hacia la búsqueda de la superación académica y profesional.

A Francisco Méndez. Gracias por sacrificar parte de tu limitado tiempo para ayudarme con la edición final de este libro. Sin tu ayuda, este proyecto pudo haberse quedado a medias. Muy pocas personas sacrifican su tiempo para leer borradores de ideas que alguien más escribe.

A Cecilio Mella y Aristóteles Morel. Gracias por preparar el empaque de este libro para que pueda ser mercadeado y cause esa primera buena impresión tan esperada por cada lector al tomar un libro en sus manos. Gracias por ese acostumbrado apoyo incondicional.

Prólogo

Abordar el tema que acoge este libro, estrategias y tácticas para la excelencia profesional, pudiera parecer contraproducente. En esta época en que la economía de libre mercado, según los más connotados expertos, atraviesa por su peor crisis en los últimos 70 años, los conceptos que aquí se plantean pudieran incluso ser vistos como una afrenta, bajo el argumento de que las energías y los talentos deberían ser canalizados para entrar en una profunda reflexión, para reevaluar y reposicionar los pilares en que descansa el sistema capitalista.

Podría también parecer contraproducente tocar el tema en un país en vía de desarrollo. En estos países, una proporción considerable de profesionales no ejerce en las áreas de su formación, sino que toma otras opciones debido a las circunstancias. Podría parecer contraproducente, en un país donde el gran cúmulo de empresas se sitúa en el rango de medianas, pequeñas y micro. No hay claras definiciones en lo que se refiere a los mandos de dirección y de clasificación de puestos. La planificación, tal y como la presenta el libro, parece que no existe.

Al mismo tiempo, pudiera catalogarse de iluso o idealista a todo aquel que continúe confiando en la permanencia del sistema capitalista y que presuma que la crisis actual será resuelta "in situ", por usar una expresión más de la naturaleza cíclica del mismo.

Si alguien sostiene estos argumentos, desde ya debe saber que no los comparto. Pienso en la otra dirección. Para mí tiene méritos abundantes todo aquel que se adentre en temas de motivación, como lo hace Wagner. Motivar a los profesionales y llegar a sembrar o abonar esta semillita es propiciar una sociedad mejor. Es aportar un granito de arena en el tránsito hacia el desarrollo. No hay manera de lograr esa meta sin que una masa crítica de profesionales la asuma como estandarte. Como dice el autor, siempre habrá mangueras apaga fuego. Esas no entienden tampoco.

De forma enfática, y hasta reiterativa en muchos casos, Wagner hace acopio de su experiencia en el área laboral para poner a disposición del lector(a) una batería de conceptos y procedimientos que le faciliten el camino a trillar, siempre que asuma la excelencia como norte. Desde un principio él indica que no es fácil. Diversos factores, incluyendo rasgos de la personalidad y el carácter, ejercen su efecto y se convierten en barreras para llegar al ideal. Sin embargo, en su opinión –de otro modo no tendría razón este libro- la excelencia en el desempeño profesional terminará apegándose al enfoque ganar-ganar, el cual es otro ideal en la relación entre inversionistas y emprendedores.

Quien se interesa en estos temas de motivación y excelencia se dará un banquete. En una lectura fácil, terminará lleno de ímpetu y más comprometido con su empresa, su entorno social y ambiental, su comunidad y la sociedad en general. Le invito a disfrutar de este ejemplar que tiene en sus manos. Usted no será el mismo luego de terminar con el último capítulo. Se lo garantizo.

Ing. Francisco Méndez
Alimentec, S.A.

Introducción

La búsqueda de la excelencia profesional no debe tener límites. La búsqueda de ella debe ser siempre nuestra meta. Si a alguien no le gusta la idea de lo infinito y quiere poner algún parámetro de control, sugiero que el firmamento sea el límite, tal y como este libro lo menciona.

La idea de escribir este libro surge de mi experiencia en diversos ambientes laborales. He visto la necesidad que existe de que algunas personas no sean conformistas y envejezcan en una misma posición. Estas ven a otras llegar a sus empresas y escalar a posiciones más altas por su enfoque en la excelencia. Este surge también de la gran necesidad existente en las relaciones de jefe y subalterno, y de compañeros a un mismo nivel para lograr una mayor armonía en el ambiente laboral sin que haya un canibalismo por sobresalir a expensa de los demás.

Afortunadamente, existen empresas y organizaciones que nos ofrecen empleos con los cuales podemos ganarnos el sustento y mantener nuestras familias. Sin embargo, el simple hecho de conseguir un empleo para satisfacer nuestras necesidades no debe ser nuestra meta profesional. Debemos ir más allá. Necesitamos buscar la excelencia profesional. Necesitamos establecernos metas ambiciosas y cerciorarnos que causamos un impacto que trascenderá más allá de nuestra existencia misma. Esto puede lucir como inalcanzable, pero es posible. Podemos conjugar diferentes factores que nos ayudarán a desarrollar un método para lograr nuestro objetivo.

Tal y como mencioné en mi libro Estrategia y Tácticas para la Excelencia Académica, la excelencia no se alcanza por casualidad. Se requiere de un esfuerzo constante y un buen plan para lograrla. Necesitamos esforzarnos y trabajar con inteligencia y sabiduría para que cada actividad que realicemos en nuestro trabajo contribuya a fortalecer la zapata para el objetivo final de lograr la excelencia.

Para lograr la excelencia en el ámbito profesional, no podemos conformarnos con realizar las tareas que se nos asignan. Necesitamos establecernos metas personales y decidir ir más allá de las expectativas que nuestros supervisores tienen de nosotros. Necesitamos innovar y desarrollar proyectos exclusivos.

Aunque el proceso de la búsqueda de la excelencia debe comenzar desde el entrenamiento que recibimos para nuestras profesiones, el enfoque de este libro es principalmente para profesionales, o empleados en sentido general, que buscan mejorar su desempeño y que están también sentando las bases para emprender proyectos empresariales por cuenta propia. Es decir, incubando sus sueños empresariales desde su nido laboral. Para aquellas personas que consideran que no han sentado una buena base académica y que comparten el status de ser empleadas con el de estudiantes, les recomiendo leer el libro que mencioné anteriormente. Este fue escrito para ayudar a estudiantes a buscar la excelencia académica.

Hay cosas que las empresas no enseñan a sus empleados. Cada quien necesita aprenderlas por sí mismo. A veces ni siquiera se les enseña a los nuevos empleados cuáles son sus responsabilidades específica. En esos casos, tenemos personas frustradas e ineficientes que al final contribuyen con la alta rotación del personal en la empresa. No debemos dejar que esas cosas que no se enseñan nos frustren. Necesitamos diseñar estrategias y tácticas para vencerlas. Si tu entrenamiento es a un nivel técnico, debes enfocarte en aprender las destrezas gerenciales que te van a ayudar a ir más allá del trabajo que haces y ocupar posiciones de mayor impacto.

También, al igual que en mi libro anterior, quiero compartir mi experiencia profesional con otras personas. Es posible que muchas de las cosas que comparto en este libro no estén escritas. Cada persona tiene experiencias distintas. El poder plasmar mi experiencia profesional me llena de gran satisfacción. Aquí se conjugarán la experiencia profesional estando en un empleo, como también la experiencia en aquellos tiempos en que me he encontrado desesperadamente buscando un trabajo que me genere ingresos para sostenerme económicamente. Resalto también que la búsqueda de la excelencia profesional no necesariamente significa que vas a ser la persona que genere los ingresos más altos de la bolita del mundo, como se dice informalmente. Puede ser que tu ingreso no sea el más alto. Sin embargo, si conjugas los diversos factores que se discuten en este libro, vas a lograr una satisfacción que posiblemente no logres con el dinero extra que pudieras generar. Puedes tener una paz y tranquilidad que no logran aquellas personas cuyo enfoque es realizar el trabajo que le genere los mayores ingresos cueste lo que cueste.

No puedo dejar de mencionar, como nota aclaratoria, el esfuerzo que he hecho para tratar de complacer a aquellas personas que tienen problemas con que se use un solo género, digamos el masculino, para referirse a todas las personas. He hecho un gran esfuerzo para usar expresiones neutrales en vez de inclinarme hacia un solo lado. Esto es un poco difícil. Muchas veces se le quita fluidez a la redacción. He visto que otras personas que escriben simplemente hacen el aclarando de que están utilizando el género masculino y piden perdón por tal inclinación. En mi caso, en ocasiones uso expresiones neutras para referirme a una persona empleada en vez de decir el empleado o la empleada. Sin embargo, hay ocasiones en las cuales es muy difícil usar estas expresiones. En estos casos, lo que hago es utilizar el género masculino o femenino. Luego me cercioro que cuando se presente una ocasión similar, uso el otro género para así tener un balance a través de todo el libro y complacer a los diferentes grupos.

Mi expectativa con este libro es que profesionales, o empleados en general, puedan encontrar en él una fuente de inspiración para lograr la excelencia en todo el sentido de la palabra. Esto se discutirá específicamente en uno de los capítulos del libro. Disfrútelo.

Primera Parte

Sentando las Bases para la Excelencia Profesional

Capítulo I

Definiendo la excelencia profesional

"La gente olvida qué tan rápido hiciste tu trabajo, pero recuerda cuán bien lo hiciste".
-HOWARD W. NEWTON

Cuando de excelencia profesional se trata, a veces se es miope definiéndola. Se ve exclusivamente el ambiente laboral y las actividades que se realizan en la oficina sin considerar otros factores. Con frecuencia se toma en cuenta sólo el ingreso generado sin considerar otras actividades que se realizan fuera de la oficina. Estas actividades extras complementan nuestra vida profesional para nuestro bien y el de la sociedad en general.

La excelencia no se puede ver cómo el alcance de objetivos puramente cuantitativos.

Excelentes profesionales logran buenos resultados de acuerdo a las exigencias del trabajo. Por eso se les remunera bien. Sin embargo, para medir la verdadera excelencia profesional, se deben considerar muchos otros factores. Estos trascienden los simples resultados cuantitativos para la empresa. Todos estos factores deben ser conjugados y considerados para determinar el éxito que se está y continuará teniendo y su contribución a la sociedad.

Si vemos la excelencia como un concepto limitado y medido por un solo indicador, como lo es el rendimiento cuantitativo, nos vamos a limitar. Alcanzaremos algún objetivo, al cual le llamaremos excelencia, pero nos encontraremos más adelante con otros obstáculos inesperados que nos sorprenderán y nos harán pensar si verdaderamente hemos logrado ser excelentes. No debemos ser miopes en cuanto al alcance de este concepto. Debemos verlo en toda su plenitud y medirla por medio del uso de la mayor cantidad de indicadores posibles. Inclusive, debemos verlo como un concepto dinámico que se adapte a las cambiantes exigencias de los tiempos y la sociedad. Obviamente, sin comprometer nuestros principios.

> *Sin sacrificio, dedicación y responsabilidad es muy difícil sobresalir aunque se tenga el más alto coeficiente intelectual.*

Yo comparo la excelencia profesional con el concepto de calidad. Debemos ver la excelencia desde el punto de vista de brindarle a la sociedad lo mejor de nosotros. Para esto debemos tener un enfoque bien definido. Robert T. Washington dice: "La excelencia es hacer algo común de una forma no común". Es hacerlo con una calidad mayor a la que la mayoría de las personas están acostumbradas a hacer.

Debemos ver lo que la sociedad espera de nosotros. Pero con todo lo que está sucediendo en la sociedad hoy en día, fácilmente lo que ésta espera puede ser que una persona con buenos principios se sienta renuente a brindar. Puede ser que las personas que busquen la verdadera excelencia, desde el punto de vista de buenos principios, se vean reducidas a un grupo minoritario si la sociedad continúa como va y no se toman las medidas de lugar para propiciar los cambios necesarios. O, posiblemente, que no admitamos ciertos cambios en una dirección equivocada y que los buenos valores se mantengan.

El concepto de excelencia que quiero que se tenga claro para entender otras partes de este libro es aquel en el que se abarquen todos los factores que contribuyen al éxito en todos los aspectos de la vida de la persona y quienes le rodean. El concepto es verdaderamente amplio. No me enfocaré solamente en la satisfacción que se recibe en el ambiente laboral al lograr los mejores resultados. Trataré de abarcar los factores que contribuyen a la integridad de la persona y que producen los mayores resultados para sí misma, como ente individual, y para la sociedad como un todo.

Para llegar a una definición de excelencia profesional me he inspirado en los conceptos de desarrollo y crecimiento económico. Podemos tener crecimiento económico cuando tenemos un aumento en la producción o los ingresos del país. Sin embargo, ese crecimiento, no necesariamente trae consigo un desarrollo económico. Para que haya un desarrollo económico, se necesita, entre muchas otras cosas, tener una buena distribución de esos ingresos y una disminución de los problemas sociales.

De la misma forma, se puede afirmar que la excelencia profesional no necesariamente se logra con el mero hecho de cumplir única y exclusivamente con lo que se nos asigna. Esto es un componente fundamental, pero es sólo el comienzo. Algunas personas tienen problemas cumpliendo con sus responsabilidades en el ambiente laboral. Esto es el punto de partida para comenzar el proceso de responsabilidad y dedicación requerido para alcanzar muchos otros objetivos profesionales. Sin ese comienzo, es muy difícil lograr otras metas.

Una persona puede estar cumpliendo fielmente con lo que se le asigne y luego encontrarse en una situación de desventaja en comparación con otras que no se limitan a eso en el ambiente laboral. Otras van la milla extra. Esto nos conlleva a pensar sobre los diferentes aspectos considerados para evaluar cuán excelentes somos en términos profesionales.

Los planteamientos expuestos hasta ahora me conllevan a dar la siguiente definición de excelencia profesional, en torno a lo cual girará todo este libro.

"La excelencia profesional es la conjugación de los factores de dedicación, responsabilidad y entrega de una persona que contribuyen a lograr resultados en el ambiente laboral y sentar las bases para causar una diferencia positiva en su vida personal y en la sociedad como un todo sin limitarse a cumplir única y exclusivamente con lo que se espera de uno"

Esta es una definición particular de excelencia profesional. Cada uno de los demás capítulos de este libro tocará, de una forma u otra, alguno de los aspectos que considero en esta definición. Mi expectativa es que las personas conjuguen estos factores para causar un impacto. También deben interiorizar estos aspectos para desarrollar su propia filosofía, dependiendo de su enfoque particular en la vida. Utiliza estos planteamientos de una forma positiva y en la misma dirección para lograr una mejor sociedad.

El que se obtengan buenos resultados en la empresa para la cual se labora o la suya propia no significa que se ha logrado la excelencia profesional. Esos resultados no necesariamente le van a asegurar ser una persona excelente en los demás aspectos de su vida. Los demás factores son fundamentales para lograr la excelencia. Otros factores, tales como las relaciones interpersonales, su contribución a la sociedad y su vida familiar y matrimonial, son muy importantes para lograr la excelencia.

Muchas veces, buscando ser sobresalientes en términos de resultados, nos olvidamos de involucrarnos en muchas otras actividades que, aunque nos restan tiempo, contribuyen en gran manera a nuestra satisfacción personal y a prepararnos para brindar un mejor servicio a la sociedad. Conjugar estos factores no es normalmente el enfoque de un joven profesional, mucho menos en un país no desarrollado como la República Dominicana. Esto viene con el tiempo, cuando uno se da cuenta sobre lo que verdaderamente importa en esta vida.

REFLEXIONES

1. ¿Cuál es tu definición personal de excelencia profesional?
2. ¿Qué elementos consideras claves para decir que has logrado la excelencia en tu vida profesional?
3. ¿Cuál es tu actitud hacia aquellas personas que consideras que son excelentes profesionales?
4. ¿Consideras que actualmente estás sentando las bases de excelencia para que tu vida sea mejor en el futuro sin tener que mirar atrás y lamentarte?

Capítulo II

Trabajando el carácter

"Más vale ser paciente que valiente, más vale vencerse a uno mismo que vencer ciudades".
-PROVERBIOS 16:32

Es entendible que un libro sobre excelencia profesional comience con un capítulo definiendo la excelencia. Es justamente lo que he hecho. La pregunta que alguien se puede hacer es por qué continuar con éste sobre el carácter. Hay una razón que quiero que entiendas. Esto lo he aprendido a través de diferentes situaciones por las que he pasado que me han ayudado a forjar mi carácter. Además, debo darle crédito a todas las buenas sugerencias recibidas de mi amiga Luz Martínez sobre este tema.

> *Los problemas asociados con el carácter influyen en que muchas personas no sobresalgan en la vida.*

Luz Martínez, líder espiritual de muchas mujeres tanto en los Estados Unidos como en la República Dominicana, dice que ella, como maestra y estudiante a la vez, ha aprendido que el carácter es un aspecto muy importante en la vida de una persona. Los problemas asociados con el carácter influyen en que muchas personas no sobresalgan en la vida. Casi siempre las personas andan buscando a quien culpar. Cada persona debe tomar la responsabilidad por las situaciones que le pasan. Al final, esta situación es un asunto de carácter. Estas personas o tienen un carácter muy débil o muy complicado. Esto se traduce en una dificultad para dirigir y para ser dirigidas.

Hoy en día, abundan mucho los casos de personas que son despedidas de sus trabajos por asunto de su carácter. Muchas veces su carácter no encaja con la organización o con la posición que ocupa. Todo el mundo a su alrededor puede notar el problema. Sin embargo, la persona continúa echando la culpa a las demás. No se detiene a reflexionar sobre su vida y cómo cambiar. Sucede más con empleados que tienen más tiempo dentro de la organización. A veces, por asunto del carácter, otros tienen temor de enfrentarlo y ayudarlo a ver su situación. Se piensa, muchas veces, que intentar hacerlo es perder el tiempo. Yo he estado en esa situación personalmente.

Tú carácter afecta tu capacidad de dirigir y de que se te dirija.

¿En cuál, Wagner? En ambos lados. En la situación de lo que estoy escribiendo y que otros no quieren enfrentarme y la situación de ver otra persona en lo mismo y no querer enfrentarla. Lamentablemente, no puedo echarme a un lado y describir todo lo malo del carácter de ciertas personas sin incluirme. Posiblemente, mi carácter sea uno de los más difíciles con que persona alguna se haya encontrado. Con frecuencia se me dificulta hacer un balance en un punto medio entre ser de carácter débil o difícil. Hay personas que tienen la facilidad de ser más balanceadas. En mi caso, cuando trato de resolver un extremo, fácilmente me voy al otro.

Cuando escribimos libros para inspirar y ayudar a otras personas, podemos hacer como hacemos con las fotografías. Estas normalmente muestran sólo el lado alegre de la vida. Normalmente no se guardan fotografías de los tiempos difíciles que vivimos. Cuando se escriben libros de motivación y autoayuda podemos mostrar sólo lo supuestamente increíble y poderosos que somos. No mostramos nuestras debilidades. Con eso, a veces alejamos a los demás y los llevamos a pensar que somos hombres o mujeres de hierro. Cuando mostramos nuestras debilidades en el carácter y cómo el mismo se ha transformado, nos acercamos a la mayoría de las personas. Hacemos también que la gente se acerque a nosotros. Obviamente, no podemos andar desanimados por todas nuestras debilidades. Necesitamos mostrar que nuestras debilidades nos hacen, al mismo tiempo, ser poderosos. El mundo necesita de personas animadas, pero no que se crean que no tienen debilidades. Se necesita de personas honestas en cuanto a su carácter y sus debilidades.

> *Mostrar tus debilidades puede ayudarte a ser poderoso.*

El carácter es un aspecto muy importante para lograr la excelencia y obtener el máximo beneficio cuando la logramos. Es importante, pero normalmente no se incluye en las asignaturas en las universidades. Se debe trabajar y aprender por su cuenta. Es como si fuera una materia electiva. Nosotros lo decidimos. Esto no está escrito.

Nuestro carácter puede ser un gran obstáculo en la búsqueda de la excelencia profesional. Podemos lograr los más altos resultados cuantitativos en nuestro ambiente de trabajo y luego ver esos resultados empañados por nuestro carácter. Por lo tanto, al mismo tiempo que realizamos nuestras funciones profesionales, tenemos que analizar también nuestro interior. Necesitamos ver qué es lo que está saliendo actualmente y qué es lo que saldrá en el futuro cuando logremos las metas propuestas. Muchas veces deseamos lograr algo, pero no lo conseguimos simplemente porque no vamos a poder lidiar con ello o con los resultados que obtengamos. A veces queremos ser personas exitosas, pero no sabemos cómo lidiar con el éxito. Sabiendo esto, Dios, el cual nos ama bastante, mejor prefiere no darnos eso que tanto anhelamos.

De nuestro interior salen tantas cosas que nos afectan en nuestro caminar por la vida y la búsqueda de la excelencia que muchas veces nos quedamos sorprendidos. La cita de proverbios al principio del capítulo, la cual menciona que es mejor vencerse a uno mismo que vencer ciudades, es muy atinada con respecto a esto. Queremos vencer y conquistar el mundo, pero se nos olvida trabajar nuestro interior. Nuestro carácter y lo que sale de nuestro interior nos hace más daño que las cosas malas que aprendemos. Cambiemos desde nuestro interior. Venzámonos a nosotros mismos. Eso nos traerá un mejor resultado que tratar de vencer al mundo. Esto nos ayuda a crear una base sólida para alcanzar nuestros sueños y no dejar que nadie nos los robe.

Tú carácter puede empañar tus buenos resultados.

"Pero bueno, Wagner", como me dice un amigo hondureño refiriéndose a expresiones de los dominicanos, ¿y a dónde es que tú quieres llegar con estas ideas? ¿Por qué no vas directamente al punto? Ahí llegaremos. Estoy simplemente preparándoles para todo lo que les voy a contar sobre mi experiencia al respecto.

Bastantes situaciones en mi vida que me han ayudado a forjar mi carácter. Aunque no es todavía lo que debería ser, por lo menos he avanzado a un punto de mucho más fortaleza y convicción que antes de haber pasado por tantas situaciones difíciles. Han habido situaciones en mi vida lidiando con personas en un ambiente informal y también en el ambiente laboral. Ni decirse del ambiente de la iglesia, en donde los buenos amigos enfrentan mis situaciones de carácter para ayudarme a ser mejor cada día y acercarme más al ejemplo de Jesús.

Hay muchas anécdotas que nos suceden y situaciones por las que pasamos que no debemos pasar por alto. Yo particularmente quiero utilizar mis situaciones difíciles y las luchas con mi carácter para ayudar a otros a lidiar con eso también. Claro que mis luchas no han terminado. Continúo luchando por moldear mi carácter y poder ser cada día de más ayuda para otros.

El asunto de carácter puede ser un poco paradójico. A algunas personas les puede gustar el carácter de otras. Pero ese mismo carácter puede ser chocante e insoportable para otras. Ahora bien, ¿cómo manejamos este problema? El asunto es desarrollar un carácter tal que sea moldeable y adaptable a las circunstancias con las que estamos lidiando. Esto, obviamente, sin caer en la hipocresía de tratar de ser quienes no somos. Si somos personas de un carácter moldeable, cuando cambiamos para adaptarnos a la circunstancia, no estamos siendo quienes no somos. Estamos simplemente dando honor a quienes somos o a lo que hemos llegado a ser a través de las enseñanzas que hemos aprendido en la vida.

> *La forma que enfrentamos situaciones difíciles hacen una diferencia entre una persona y otra.*

El carácter de una persona puede forjarse en varios ambientes. Yo me quiero enfocar en tres ambientes principales: en el hogar, en el ambiente académico y en el ambiente laboral. En cada uno de ellos se conjugan una serie de factores que definen, dependiendo de cómo reaccionemos a las circunstancias, lo que uno será y cómo enfrentará las situaciones futuras de la vida. Las situaciones más difíciles de la vida y cómo uno las enfrente hacen una diferencia entre una persona y otra. Cuando no existen situaciones difíciles, cualquiera puede ser un héroe. O, por otro lado, podríamos decir que no existieran los héroes. Las situaciones difíciles son las que generan los héroes cuando saben enfrentarlas.

Comenzando por el hogar, es responsabilidad de los padres ayudar a los hijos a forjar su carácter. Pero, por otro lado, tampoco debemos culpar a nuestros padres por lo que somos. Debemos tomar responsabilidad por nuestros hechos. Independientemente de la influencia, o mala influencia, que hayamos recibido, siempre tenemos la oportunidad de encontrarnos con bifurcaciones, o puntos de decisiones, en los cuales tenemos por lo menos dos alternativas para elegir. En esos puntos debemos tomar decisiones que van a afectar el futuro y nuestro carácter. En muchas de esas situaciones, debemos tomar decisiones personales e individuales sin acompañamiento alguno.

> *Estudiantes sobresalientes tienden a crear un sentido de individualismo y egoísmo.*

¿Cómo se comienza a forjar mi carácter en el hogar? Qué lecciones puedo compartir y que usted pueda aprender?

Desde mi niñez, mi conducta ha sido de convicción con respecto a lo que quiero. Esto no significó ser un modelo de conducta en todo. Había desobediencia tanto en el hogar como en los ambientes sociales. Sin embargo, no sé cómo, tenía una convicción de no "comer cuentos" cuando se trataba de mi conducta en el ambiente académico. Mi convicción era que debía ser responsable con mis asignaciones. Realmente disfrutaba hacerlo. Esto comenzó a forjar mi carácter. Este fue luego refinado, digamos, con las situaciones difíciles. Digo situaciones difíciles porque esas han sido las que verdaderamente han contribuido a forjar el carácter. Las situaciones buenas normalmente no lo hacen. Al contrario, nos afectan ahora. Esto es así porque normalmente queremos vivir enfocándonos en el pasado y deseando, por error, que los tiempos de hoy sean como los del pasado.

Durante mi niñez, aunque con un carácter terco, también recuerdo ceder en muchas ocasiones para evitar conflictos cuando los demás no lo hacían. Esto no se daba con mucha frecuencia debido a mis fuertes convicciones en cuanto a lo que quería. Hoy he aprendido que a esto se le llama orgullo. Orgullo de ese malo que nos lleva a la derrota si no lo transformamos. Hoy en día he aprendido a ceder con gozo. Le doy cabida a la duda y reconozco que en muchos casos puedo estar equivocado. No podemos justificar siempre nuestras acciones y pensar que siempre tenemos la razón. Esto es una buena base que bien trabajada y refinada puede producir muy buenos resultados.

En cuanto al ambiente académico, aunque desde niño sentía una inclinación hacia éste, no todas las situaciones fueron fáciles. Hubo momentos muy difíciles. Ellos me enseñaron muchas lecciones.

Hay una situación particular que quiero resaltar. Estudiantes sobresalientes en cuanto a los resultados cuantitativos, por lo general crean un sentido de individualismo y egoísmo. Esa condición puede hacer que haya una separación del resto. Se puede creer que no se necesita de los demás. Sin embargo, esto puede producir muchos dolores de cabeza en el futuro cuando se forme parte de un equipo en el ámbito profesional.

Yo no escapé a esa situación. Como autosuficiente en el ámbito académico, cuando cambié de estatus y me vi en el ambiente profesional, pude creer que no necesitaba de los demás. Sin embargo, hoy me doy cuenta de lo valioso que es trabajar en equipo y la tensión que esto evita. Como individuos egoístas, aunque a veces pensamos que es lo mejor, tomamos toda la tensión sobre nuestros hombros. Trabajando en equipo la tensión se distribuye. Se agregan también muchos otros beneficios. Mucho más cuando uno no es el cuello de botella. Bueno, esto es tema para el capítulo sobre trabajo en equipo. No te metas en esto por ahora, Wagner.

De los tres ambientes, me enfocaré más en el ambiente laboral por la naturaleza misma de este libro. A veces queremos enfrentar el ambiente laboral de la misma forma que enfrentamos el ambiente académico o cómo reaccionamos en nuestros hogares. A veces en nuestras oficinas pensamos que estamos en nuestras casas lidiando con nuestros familiares. Queremos hacer lo mismo y no establecemos una diferencia. Otro caso muy típico es arrastrar todas las situaciones que nos pasan en la casa hacia el trabajo. Reaccionamos de una forma brusca y nuestros compañeros no entienden por qué sucede.

Ya directamente en el ambiente de trabajo, han habido muchas otras lecciones para forjar mi carácter. He tenido que adaptarme a las situaciones imperantes en el mismo. Cuando he buscado que los demás se adapten a mis condiciones particulares, han surgido conflictos. Esto no quiere decir que no podamos hacerlo cuando tenemos aportes que hacer a la organización, ya sean asuntos técnicos o conductuales. La cuestión es que cuando tengamos que hacerlo, debemos utilizar nuestro tacto y persuasión. Esto ayuda a que no se produzca un bloqueo y nuestras ideas puedan surtir los efectos que esperamos.

REFLEXIONES

1. ¿Cuáles han sido las cosas de tu carácter que te han impedido lograr ciertas metas en tu vida?
2. ¿Qué tan fácil consideras que es para otra persona lidiar contigo?
3. ¿Cuáles son las cosas que sabes que debes cambiar en tu carácter y que te es difícil hacerlo?

Capítulo III

En busca del trabajo ideal

"Un empleo disfrutable es como la fuente de la eterna juventud".
-MIKE THOMAS

En la universidad nos preparamos para salir al mercado laboral y conseguir un trabajo que nos permita, por lo menos, "ganarnos la vida" y satisfacer nuestras necesidades. Otros queremos ir más allá y tener suficiente para ahorrar y posteriormente tener algunos lujos.

Este es un enfoque muy simplista. Se debe evitar tener que salir al mercado laboral a mendigar un trabajo. Este, en muchos países en vía de desarrollo, a veces no se consigue por no tener las relaciones suficientes dentro de la empresa. No importa, inclusive, que se tenga el potencial para convertirse en un alto ejecutivo de la misma y llevarla a niveles nunca antes alcanzados.

> *Evita tener que salir al mercado laboral a mendigar un trabajo. Busca que las empresas vayan detrás de tus servicios profesionales.*

Una buena estrategia para evitar ciertos problemas en el ambiente laboral es definir cuál es el trabajo que queremos. Debemos definir sus características específicas y diseñar una estrategia para lograrlo. Esto, por supuesto, si nuestra meta es ser un empleado asalariado. Es posible que la meta sea emprender proyectos por cuenta propia. De todas formas, muchos de los conceptos planteados en este libro se aplican tanto para empleados como para empleadores y dueños de empresas.

Este capítulo discute algunas estrategias para conseguir el empleo ideal. Bueno, por lo menos quiero inspirar a las personas a caminar en esa dirección.

Sienta una buena base para forjar tu futuro profesional. Enfócate en qué puedes hacer en el presente.

He dicho en otras ocasiones que sobre este tema existen muchos libros que ayudan a prepararse para conseguir un trabajo. Uno de estos libros es uno titulado en inglés "What Color is Your Parachute" (De qué Color es Tu Paracaídas). Este libro es una gran fuente de ayuda para aquellas personas que están buscando empleo y necesitan aprender algunas estrategias para ser más eficaces. El mismo cubre varios aspectos sobre las estrategias a seguir.

Estas ideas que planteo se basan en mi experiencia en el proceso de conseguir un buen empleo. Normalmente en países en vía de desarrollo en algunas carreras se puede prescindir de las especializaciones. Es difícil conseguir un trabajo en su especialización. Hay que adaptarse a las oportunidades que el país ofrece. Hay que reconocer que eso está cambiando bastante.

A través de mis estudios, pude ir de lo general como la agronomía a lo específico como es el mercadeo de productos alimenticios. En la actualidad, estoy laborando en eso específicamente. Sin embargo, eso ha conllevado un largo proceso.

Mi experiencia buscando trabajo ha sido muy fascinante. Bueno, lo puedo decir ahora. No creo que lo hubiese podido decir en aquellos momentos en que estaba "jalando" aire. Mi primera estrategia, la cual recomiendo, funcionó. Senté una buena base académica para forjar mi futuro profesional. Te funcionará a ti también. Te funcionará aunque ya hayas salido de la universidad. Existen postgrados, maestrías u otros cursos de especialización en los cuales puedes poner en práctica esta estrategia de sobresalir para que se vea tu capacidad y puedas conseguir ese trabajo que tanto anhelas. Si no fuiste ese estudiante sobresaliente en tu época pasada en la universidad, el pasado ha quedado atrás. Necesitas enfocarte en qué puedes hacer en el presente para definir tu futuro. Este es el tema sobre el cual gira mi libro *Estrategias y Tácticas para la Excelencia Académica*, del cual incluyo algunas referencias en el Capítulo V.

> *Tu preparación académica te da una buena ventaja inicial, pero no será el único factor para lograr la excelencia profesional.*

Hay otros factores que se deben tomar en cuenta además de la preparación académica. Luego de graduarte, necesitas reconocer que estás comenzando una nueva etapa en tu vida. Debes continuar construyendo. Si te duermes, tus buenos resultados se convertirán en historia.

La preparación académica te da una buena ventaja inicial, pero no será el único factor para lograr la excelencia profesional. Necesitas aprender a lidiar con el ambiente laboral y adaptarte al mismo. Muchas universidades no nos preparan para esto. Debes aprenderlo por cuenta propia. Si no lo aprendes y te adaptas, pueden venir muchos cambios involuntarios de trabajo.

¿Por qué esos cambios? Muchas veces aceptamos condiciones de trabajo que no son las que esperamos. Lo hacemos por la necesidad económica que enfrentamos en el momento. Esto nos conlleva a emplearnos y, al mismo tiempo, continuar buscando otras opciones.

Lamentablemente, en países en vía de desarrollo se dificulta que las personas puedan elegir el tipo de trabajo que hacen o la empresa para la cual quieran trabajar. La alta tasa de desempleo no lo permite. En los Estados Unidos -bueno, posiblemente no en estos momentos- y en otros países más desarrollados las personas hacen investigaciones sobre las empresas para ver si son los lugares en los cuales quieren trabajar. Un aspecto muy importante que las personas consideran hoy en día en estos países es la ética de las empresas y su actitud hacia el medio ambiente. Si determinadas empresas no cumplen con estos requisitos, algunas personas las eliminan como opciones. Para hacer esto, se debe tener convicciones muy profundas sobre lo que se quiere y no simplemente estar detrás de un ingreso para sobrevivir.

En mi caso particular, cuando renuncié de la universidad, acepté un trabajo en una empresa de plásticos. Lo hice simplemente porque quería salir del ambiente académico. Me quería ir al mundo empresarial. Además, me ofrecieron más del doble del sueldo que devengaba en la universidad. No analicé mucho cuáles eran las expectativas de la empresa conmigo. Las expectativas de la empresa y del dueño eran unas y las mías eran otras. Era un empleado más que iba a continuar haciendo lo que otros hacían en la empresa. Así las deficiencias gerenciales continuaban. Por supuesto, esto produjo el resultado que había de esperarse: no durar mucho tiempo en la empresa.

Si tus condiciones particulares te lo permiten, investiga si la empresa para la cual estás aplicando cumple con tus expectativas. Si no las cumple y sientes que eso te puede afectar, y si tienes la opción para elegir otra alternativa, opta por la segunda. En nuestros países, la mayoría de las veces no tenemos la opción para decidir y tenemos que aceptar cualquier trabajo que nos ofrezcan, dentro de ciertos parámetros, por supuesto, para sobrevivir.

Debido a las condiciones particulares de nuestros países, quiero compartirles otra estrategia que he utilizado y que puede dar buenos resultados cuando nos encontramos con una empresa o un trabajo que no llena nuestras expectativas, pero que tenemos que aceptar por necesidad. A las personas les encanta hacer promesas y luego no cumplirlas. Cuando aceptamos un trabajo que no ofrece las mejores condiciones, busquemos que se nos hagan promesas más allá de lo que se pueda cumplir. Si luego esas promesas se cumplen, significa que vamos a estar en el lugar que queremos aunque al principio no lo parecía. Pero si no se cumplen, cuando aparezca una mejor oferta de trabajo, y es casi seguro que va a aparecer luego de haber conseguido el primero, no te vas a sentir culpable de renunciar. Una buena excusa sin sentirte culpable es que no te han cumplido todo lo que te prometieron al principio. Como te han hecho promesas que sobrepasan cualquier expectativa, es seguro que si te las cumplen no vas a tener que cambiar de trabajo, a menos que las condiciones que te están ofreciendo en el otro vayan más allá de lo que uno se pueda imaginar.

Además de tu preparación, necesitas una buena estrategia para vender tus servicios profesionales.

También se necesita de una buena estrategia para poder vender tus servicios. Esto es muy importante. Posiblemente, de ahora en adelante, lo que va a suceder en tu vida profesional puede depender de tu estrategia de mercadeo y venta de tus servicios profesionales y de ti como persona íntegra. Tenemos que vender nuestra imagen y poder tener un buen empaque del servicio que estamos ofreciendo: nosotros mismos.

Como dicen las personas que saben de mercadeo, un producto necesita tener un buen empaque para hacerlo más atractivo. Si tienes un buen producto, el empaque puede resaltar sus buenas cualidades. Si tienes un producto no tan bueno, el empaque y la imagen pueden hacer que dé una buena impresión. Si diste esa buena impresión por la forma en que te mercadeaste, ya diste el primer paso. Es tu responsabilidad ahora continuar trabajando para no hacer quedar mal a quienes recibieron esa buena impresión. Si diste una buena impresión y después se ve que lo que has vendido no tiene calidad, no vas a seguir vendiendo y posiblemente fracases. En este caso, puedes perder tu trabajo y tu reputación profesional.

¿Y qué de un buen Curriculum Vitae? Sobre esto pueden encontrar mucho material escrito. Vayan a la red de Internet. Encontrarán abundante información sobre formatos y demás estrategias a seguir para su preparación. Preparen un buen Curriculum Vitae como carta de presentación. Utilicen un buen formato resumido, con una buena imagen e impreso en un buen papel. Además, tienen que anexarle una buena foto para que los empleadores vean cómo lucen y así puedan tomar la decisión final.

Recuerdo una vez en que yo estaba buscando empleo y no conseguía. Veía muchas posiciones para las cuales yo consideraba que era el candidato idóneo, según mi parecer. Posiblemente estaba equivocado. Aplicaba y no recibía respuesta alguna. También recuerdo cuando mi amada esposa, Guarina Germán, aquella vez mi novia, me informó sobre una posición que apareció publicada en el *Listín Diario* y que consideró que era la idónea para mí. Era una posición para trabajar con el Gobierno de los Estados Unidos. No perdí tiempo. Inmediatamente envié por fax y sin foto alguna mi Curriculum Vitae que tenía en archivo. Me impactó cuando fui seleccionado para entrevista, no por cómo yo lucía, sino por lo que mi currículum mostraba. Luego fui seleccionado para la posición por los resultados obtenidos en las pruebas subsiguientes y las entrevistas. Esta es la posición en la que he estado por más de diez años. No fui seleccionado por la apariencia. Bueno, tal vez mi esposa no esté de acuerdo con esto. Posiblemente ella considere que esta fue mi carta de triunfo.

Además, quiero resaltar que cuando tenemos una entrevista de trabajo, normalmente nos llenamos de ansiedad por el gran deseo de ser seleccionados. Esto es normal. Cuando queremos lograr una meta nos sentimos de esta forma. Queremos dar lo mejor para lograr nuestro objetivo. Pero no debemos llegar al extremo de que este estado de ansiedad nos haga daño y, en vez de ayudarnos a tener una buena entrevista, nos reste impacto. Los nervios se deben mantener controlados. No creo que haya alguien que no sienta cierto nerviosismo cuando se está entrevistando para un nuevo trabajo. El tratar de dar lo mejor de nosotros nos conlleva a este estado.

Debemos confiar en nuestra capacidad. Ahora bien, si no tenemos la capacidad para el trabajo, hay que reconsiderar si debemos aplicar para el mismo. A veces nos preocupamos por cosas que no podemos controlar. Esto no debe ser motivo de preocupación. Las cosas que podemos controlar, tal y como su nombre lo dice, están bajo nuestro control y no deben preocuparnos. Las cosas que no podemos controlar, no están bajo nuestro control y punto. Por lo tanto, no debemos tampoco preocuparnos. Sí debemos prepararnos lo suficiente para el día de la entrevista con aquellas cosas que sabemos que debemos hacer. No podemos ser personas despreocupadas y después, si no obtenemos el trabajo, culpamos a los demás y a las circunstancias. Debemos tomar la responsabilidad.

Da lo mejor de ti y confía en los resultados finales. Si fuiste la persona elegida para el puesto, ahora comienzan los retos de la posición. Es el momento de pasar del entrenamiento al campo de batalla. De eso trata este libro. Si no fuiste la persona seleccionada, confía en que Dios está en control y quiere lo mejor para ti aunque no lo veas en ese momento. Te reto a que me des ejemplos de persona que no hayan sido aceptadas en algún trabajo y que de ahí en adelante su vida haya sido miserable. No conozco ningún caso. Lo que sí conozco son casos de personas que no han sido aceptadas para una posición y luego se han dado cuenta de que les esperaba una mejor oportunidad.

Recuerdo cuando no fui aceptado originalmente para la posición de Supervisor Nacional de Ventas en una empresa de bebidas. Debido a eso, luego tuve mi más cercana experiencia a trabajar con agricultores. Este era mi enfoque desde la niñez. No había tenido la oportunidad por mi orientación a las áreas gerenciales. Esta fue una gran experiencia tanto con el staff de la organización como con los agricultores. En esta ocasión, tuve la oportunidad, ya como profesional, de ver a los agricultores de cerca en sus labores. Vi su sufrimiento, pero también su felicidad y su conformidad con lo poco que tenían. Esto contribuyó, en parte, a inspirarme y escribir el poema titulado Campesino de mi Tierra. El mismo forma parte de mi libro Añoranzas de mi Tierra.

Tuve también la oportunidad de diseñar proyectos para beneficiarles. Hice una contribución para ese sector. Luego de un tiempo, como mencioné anteriormente, tuve la oportunidad de tener ese trabajo en el cual me habían rechazado, supuestamente, por sobrecalificación, pero que ofrecía un salario al nivel de mis expectativas. Posiblemente mis expectativas eran muy bajas en ese momento.

A veces nos preocupamos también por los resultados de las pruebas psicológicas. Esto no es para preocuparse. No podemos cambiar significativamente los resultados de estas pruebas. Además de yo ser una persona que disfrutaba tomar exámenes, las pruebas de esta naturaleza o las que medían el avance en algún entrenamiento eran las que más me gustaban. Como no podía cambiar significativamente el resultado final, ¿por qué me iba a preocupar? La mejor estrategia en estos casos es estar lo más relajados posible. Estas pruebas determinan quién tú eres. No determinan lo tanto que conoces. Ahora bien, si estás tomando un examen general para finalizar un doctorado, debes pasarte mucho tiempo estudiando y cerciorándote de que refrescas todos los conocimientos de las materias que has cursado. Pero en pruebas psicológicas, no te preocupes. Relájate.

Al final, vas a conseguir el trabajo para el cual estás preparado. Confía y da lo mejor de ti. Tu creador nunca te va a abandonar. Si sabes que no estás dando lo mejor de ti, debes reflexionar y hacer un esfuerzo extra. No te conformes con menos que lo máximo si quieres ser una persona triunfadora y que utiliza todos sus talentos. Busca la excelencia profesional. Ten el firmamento como límite.

REFLEXIONES

1. ¿Qué tan persistente eres cuando estás buscando empleo?

2. ¿Qué tan preparado estás cuando vas a una entrevista? ¿Conoces sobre la empresa para la cual quieres laborar o no te importa cómo sea?

3. ¿Cuántos "Curriculum" acostumbras a enviar antes de que consigas el trabajo que quieres?

4. ¿Te dedicas a tiempo completo a buscar el trabajo que necesitas?

Capítulo IV

Planificación

"Es más importante saber a dónde vas que llegar con rapidez".
- MABEL NEWCOMBER

La planificación es un aspecto de suma importancia en nuestras vidas. A pesar de su importancia, es muy descuidada por muchos profesionales. Su importancia no sólo se limita al ambiente laboral, sino a todos los aspectos de nuestras vidas. Esto no se debe descuidar. Cada profesional necesita ejercitarse en el proceso de planificación. Es importante en la realización de trabajos individuales y en equipo para no convertirse en un cuello de botella.

Si no planificas, el tiempo y los otros recursos nunca van a ser suficientes.

La planificación también está muy ligada al manejo del tiempo. Una buena planificación te ayudará a hacer un uso eficiente del mismo y de otros recursos, incluyendo tus destrezas profesionales y tu talento intelectual. Lo contrario también se aplica. Si no planificas, posiblemente sentirás, aunque tengas toda la abundancia del mundo, que el tiempo y los recursos nunca son suficientes. Te pasará todo el tiempo tratando de añadirle una hora más al día.

A veces nos preguntamos si vale la pena el tiempo y demás recursos invertidos en el proceso de planificación. La falta de una cultura de planificación en las primeras etapas de la vida nos conlleva a sentir que dicho proceso es una carga pesada e innecesaria. Pensamos que debemos planificar sólo cuando estamos en una posición gerencial que nos exige manejar diferentes planes. La verdad es que la planeación es un factor clave para establecer la zapata en cualquier proyecto y para el éxito profesional, empresarial, y personal.

La planeación es un factor clave para establecer la zapata para el éxito profesional y empresarial.

Con frecuencia aparece lo que yo llamo "mangueras-apaga-fuego" en cuanto a la planificación. Estas son personas que matan las buenas iniciativas cuando alguien decide planificar y establecer una base sólida desde el principio. Esta base ayuda a que nuestros planes, y nuestras vidas como un todo, no se derrumben a medida que avanzamos. Nos encontramos con personas que ven nuestra dedicación y empeño en planificar y creen que estamos perdiendo el tiempo. Creen que sin detenernos a planificar pudiéramos avanzar más rápido en el logro de nuestras metas. Consideran que debemos comenzar a ejecutar lo que tenemos por delante y arreglar la carga en el camino. No se dan cuenta del gran potencial que representa un buen proceso de planificación.

Ciertas personas piensan de esa forma porque no tienen grandes sueños. Quieren vivir resolviendo cada problema que se presenta. No se enfocan en tomar las medidas preventivas de lugar.

¿Cómo enfrentamos estas limitaciones que se nos presentan? Debemos cerciorarnos de que construimos nuestros sueños sobre bases sólidas. Hay que confiar en que los principios escritos sobre planificación son basados en investigaciones previas y que se ha invertido mucho tiempo, dinero y esfuerzo en hacer tales investigaciones. Ellas prueban que esos principios funcionan. Funcionan y tienen el poder para hacer que el tiempo o cualquier recurso invertido, en vez de generar una mínima utilidad, puede inclusive quintuplicarse o producir mayores resultados en el tiempo.

El tiempo invertido en planear cuidadosamente puede ahorrarnos muchos dolores de cabeza en el futuro. Puede ayudarnos a crear la base para soportar cualquier carga y los vientos adversos que puedan azotarnos. Se creará, de esa forma, un cimiento firme para hacer los cambios necesarios para adecuar nuestras vidas y nuestros planes a ciertas exigencias en determinados momentos. Puede ayudarnos a reducir nuestro nivel de estrés y a poder dedicar tiempo para pensar en el largo plazo y ser personas más relajadas en los momentos cruciales. Al final, también puede ahorrarnos unos cuantos años de vida al reducirnos el nivel de tensión requerido para responder todos los imprevistos que conlleva trabajar sin un buen plan.

> *El tiempo invertido en planificar nos ahorra muchos dolores de cabeza en el futuro.*

El ser una persona planificada debe comenzar desde temprano. No se debe dejar para cuando nos veamos atosigados de trabajo. Posiblemente, en ese momento no tengas tiempo de planificar y simplemente tengas que enfocarte en las tareas urgentes. Es posible que se te faciliten tus funciones delegando algunas, pero tal vez ni siquiera tengas el tiempo para organizar lo que tienes que delegar. A mí me ha pasado. A veces quiero delegar, pero no puedo sacar el tiempo para organizar lo que tengo que delegar. Aprovecha los primeros tiempos de tu vida profesional para sembrar la semilla que te ayudará a ser una persona planificada si es que no has comenzado antes. El tiempo de comenzar es hoy. No lo sigas posponiendo. La falta de planificación puede tener una repercusión durante toda tu vida. Una pérdida por no haber planeado bien puede representar la destrucción definitiva de un gran sueño personal o aquello que hubiese podido contribuir a cambiar positivamente toda una sociedad.

> *Piensa en grande y establece bases sólidas para que tus sueños profesionales florezcan y sobrepasen las expectativas.*

Puede parecer que estoy siendo demasiado exigente en cuanto a la planificación. Pero no es así. Estoy tratando de ser lo más realista posible y dar las sugerencias necesarias para evitar problemas futuros. Es bueno planificar y sentar las bases para lograr grandes sueños. Si no te planificas ahora, será más difícil hacerlo luego.

Sueños pequeños limitarán tu crecimiento. Para tener sueños grandes, alcanzarlos y mantenerlos, necesitas planificarte bien. Una vez en una conferencia alguien dijo lo siguiente con todo y rima en inglés: "Think low and you will fall; think high and you will fly" (Piensa pequeño y caerás; piensa en grande y volarás). Tienes que pensar en grande y establecer bases sólidas para que tus sueños profesionales un día puedan florecer y sobrepasar inclusive tus expectativas. Esto puede lograrse con una buena planeación sin importar en qué etapa de tu vida te encuentres. Olvida el pasado; prepárate para el futuro. Planifiquemos hoy para disfrutar el mañana.

REFLEXIONES

1. ¿Cuál es tu actitud hacia la planificación? ¿La consideras como una pérdida de tiempo o como una inversión para lograr un retorno en el futuro?
2. ¿Qué tan planificada has sido tú personalmente en tu vida?
3. ¿Cuáles aspectos consideras que debes reforzar para tener una mejor planificación

Capítulo V

Excelencia académica como base para la excelencia profesional

"Las lecciones difíciles son siempre difíciles de aprender, pero son aquellas las que contribuirán al éxito en tu vida".
-V. VEGA

La excelencia académica es un aspecto clave para sentar las bases para la excelencia profesional. Sin embargo, esta no es suficiente. El ambiente académico es diferente al ambiente laboral. Cuando nos graduamos, comienza una nueva etapa en la vida. Los resultados que logramos, asumiendo que hayan sido buenos, se quedan atrás. Ahora es el momento de construir el futuro profesional.

> *Tu excelencia profesional no debe basarse en resultados meramente cuantitativos.*

Si aplicamos el concepto de excelencia académica no basado en resultados meramente cuantitativos; sino como lo definí en mi libro Estrategias y Tácticas para la Excelencia Académica, en el cual se conjugan los factores de responsabilidad, dedicación y entrega; vamos a tener una gran ventaja. La excelencia que hemos buscado la vamos a transferir del mundo académico al ambiente profesional. Vamos a llevar con nosotros esos atributos positivos. No sólo vamos a llevar los resultados cuantitativos en un récord de notas.

Los méritos que ganamos como estudiantes no nos van a servir en el ambiente profesional si consideramos que por sí solos van a ser suficientes para asegurarnos el éxito profesional. Es como echar fama y acostarnos a dormir. Yo sugiero, al contrario, que debemos echar fama, pero no dormirnos. Esto se aplica a cualquier aspecto de nuestras vidas sin importar la edad. Si echamos fama y nos acostamos a dormir, podemos opacar lo bueno que hemos hecho.

Si somos buenos estudiantes y creemos que eso es suficiente para nuestro ambiente laboral, en el futuro podemos lamentarnos. Sentamos una base, pero vamos a ver pocos resultados. Podemos encontrarnos diciendo que no vale la pena estudiar. Veremos personas que no han estudiado logrando los mismos resultados que nosotros y mucho más. Si como profesionales creamos buena fama y nos echamos a dormir, podemos encontrarnos con que otros jóvenes llegan a la empresa y nos sobrepasan porque han tenido más visión que nosotros. No se han enfocado en hacer sólo lo que se espera de ellos. Han ido más allá y han causado un mayor impacto.

Si has logrado todo lo que una persona puede lograr como profesional y te has conformado sólo eso, puedes encontrarte con el caso de otras personas que no han sido conformistas y han decidido utilizar sus talentos emprendedores para lograr

> *Si nos dormimos luego de crear una buena base, se pueden tronchar los resultados.*

su sueño empresarial. Y como dice mi amigo Ramón Hipólito Mejía en mi libro Emprendedores, han decidido transitar por el camino incierto y lleno de piedras, pero han abrazado su manto de satisfacción, mejoría económica y orgullo. Si como emprendedor has conseguido ser exitoso y has logrado todas las metas que te has propuesto, esto no te servirá de nada si al final tu vida no va a trascender más allá de la muerte para morar eternamente con Dios. Si has logrado causar un impacto para morar eternamente con Dios y ...., perdón, ¿Ustedes no creen que voy a seguir describiendo la cadena hasta el infinito? Ya es suficiente.

¿Se fijan cómo no podemos echar fama y acostarnos a dormir en ningún punto de nuestras vidas? Espero que esto ilustre bien cómo la excelencia académica o en cualquier punto de nuestras vidas no es suficiente si luego de lograrla nos estancamos. Debemos seguir construyendo y adaptando nuestra estrategia para la búsqueda de la excelencia en cada etapa de nuestras vidas.

Confío que con esto entienden que la excelencia académica no va a ser suficiente para garantizar el éxito profesional. Con esto en mente, déjenme resaltar algunos aspectos importantes que he tratado en mi libro para estudiantes y cómo tener un enfoque positivo para sacar el máximo provecho de la vida profesional. Tal y como el libro que menciono expresa en la portada, es excelencia académica para sentar las bases para forjar el futuro profesional.

No me digan que estoy haciendo mucha promoción a mi otro libro en éste. Si no lo hago yo, ¿a quién le voy a dejar la responsabilidad? Como profesional, estás leyendo este libro, pero estoy seguro que tienes alguna hija, un sobrino o amigo a quien quisieras regalar un buen libro para fortalecer su desarrollo académico. Siendo así, te digo que muchas personas dicen que ese es bueno. Este libro incluye la portada de ese otro al final.

¿Cuáles son los aspectos más importantes de la vida académica que nos ayudarán a ser mejores profesionales? Hay muchos factores que tomar en cuenta, no sólo las altas calificaciones. Las altas calificaciones pueden abrirte las puertas para tu primer trabajo. Me las abrieron a mí para el primero en la universidad cuando me gradué. Pero no necesariamente te garantizan permanencia en el trabajo. Además de tus buenos resultados académicos, necesitas también trabajar en tu carácter, tal y como lo menciono en el Capítulo II. Esto normalmente no se enseña en la universidad. Nadie que te conozca te va a contratar simplemente porque tienes buenas calificaciones. Tu carácter te puede descalificar para formar parte de un equipo de trabajo eficiente. He visto casos de personas con una excelente preparación que son mediocres formando un equipo y manteniendo buenas relaciones interpersonales en el ambiente de trabajo. Bueno, creo que no es necesario mencionar en este capítulo esos otros aspectos. Sobre esos aspectos es que gira este libro. Los capítulos de este libro son en realidad los diferentes aspectos que considero que se deben tomar en cuenta para la excelencia profesional. Puedo contarles un poco sobre mi experiencia al respecto. Mis altas calificaciones me abrieron las puertas para mi primer empleo en la misma universidad como mencioné. Luego de regresar de mi maestría continúe en ese mismo empleo, pero con más responsabilidades. Sin embargo, mi reputación como estudiante, mis altas calificaciones y haberme graduado de una buena universidad en los Estados Unidos, no me fueron suficientes para retener el segundo trabajo. Renuncié de la universidad para irme al sector empresarial. Sin embargo, dos meses después de haber renunciado de la universidad para buscar mejores horizontes, fui despedido de la otra empresa. Esta

> *Debes conocer las prioridades de la empresa para la cual trabajas.*

experiencia me ayudó a abrir los ojos y a no poner mi confianza en mis resultados académicos y mis supuestos talentos.

Debía entender que yo no era el dueño de la empresa. El dueño tenía fuertes presiones financieras y metas que cumplir. Mis ideas no necesariamente le iban a resolver sus problemas inmediatos. Esto se mostró años más tarde cuando, me imagino que por esas mismas razones, el dueño decidió suicidarse.

Hay que entender cuáles son las prioridades de la empresa para la cual laboramos. Hay que montarse en el mismo barco. A veces no entendemos y criticamos las decisiones que toman los dueños o la alta gerencia. Estas son cosas que no necesariamente se enseñan en las universidades, pero que uno debe entenderlas.

Como estudiantes debemos vender una buena imagen. Debemos buscar causar un impacto sin descuidar la excelencia. No debemos confiar sólo en esta imagen. Esta no ayuda de nada si no tenemos una base sólida con la cual respaldarla. Esa misma estrategia debe ser utilizada en el ambiente laboral. Debemos ser excelentes en lo que hacemos, pero también debemos cerciorarnos de que la gente nos percibe como tal. Es cierto que a veces no importa lo que la gente piense. No debemos vivir para ser complacientes. Pero no es menos cierto que si somos excelentes y las personas a nuestro alrededor tienen esa misma percepción, nuestro trabajo va a ser mucho más fácil. Estaremos trabajando en un terreno más fértil para producir los mejores frutos y causar un mayor impacto positivo.

> *Es bueno ser excelente en lo que hacemos y que la gente así lo perciba.*

Si como estudiante eras una persona que dabas lo mejor de ti para lograr los mejores resultados, no dejes ese enfoque a un lado. Continúa haciéndolo. Esta es una característica que siempre va a producir sus buenos frutos. Da lo mejor de ti y confía en los resultados finales. Aunque a veces no logramos los resultados que esperamos, cuando hacemos todo el esfuerzo que podemos hacer, no nos vamos a desanimar porque otras fuerzas, fuera de nuestro control, hayan afectado esos resultados.

Hasta ahora, me he enfocado bastante en hablar sobre la base académica como herramienta para la excelencia profesional. Pero ¿Qué pasa con aquellas personas que no han tenido una buena base académica por una razón o por otra? En realidad, hasta este punto he mencionado algunos errores que podemos cometer cuando nos confiamos en nuestra base académica y luego nos dormimos en nuestros laureles pensando que ese simple hecho nos va a garantizar el éxito.

Personas que no tienen una buena base académica no van a cometer ese error. Al contrario, van a tratar de compensar su deficiencia con otras estrategias. Es posible que quieran tratar de demostrar a los intelectuales que lo que han aprendido no les ha valido de mucho. Estas personas pueden tener otros talentos que los intelectuales tal vez no tengan. Por ejemplo, a mí me despidieron del trabajo en la empresa de plástico. No valoré la oportunidad de trabajo que me dieron. Confié más en mi preparación académica. Sin embargo, no oí decir que al mensajero o al guardián de seguridad lo habían despedido. Ellos entendían que debían cumplir con las instrucciones que se les daban y lo hacían. Yo, al contrario, no me di cuenta de eso. Tuve que aprenderlo más tarde.

Prepárate para los imprevistos que puedan cambiar el rumbo de tu vida.

Algunas personas no necesariamente tienen una gran preparación académica, pero sí tienen un gran coeficiente emprendedor. Este potencial puede ser utilizado tanto para emprender sus propios proyectos empresariales como para manejar proyectos dentro de otra empresa para la cual trabajen. Estas personas pueden convertirse en grandes empresarias.

Los resultados que logramos como profesionales no siempre están ligados a nuestra preparación académica. Hay muchos otros factores de aptitud y de carácter. Estos pueden llevarse a niveles tales que otras con una gran preparación académica nunca van a alcanzar. Como dicen las Sagradas Escrituras en el libro de Eclesiastés, algunas cosas pueden depender de un golpe de suerte. Podemos tener las mejores condiciones y todo podría apuntar hacia algún lado, positivo o negativo, pero suceden cosas inesperadas que cambien el rumbo.

¿Quieren un ejemplo de esto? ¿Quién había predicho que Barack Obama iba a ser el presidente de los Estados Unidos de Norteamérica? Probablemente nadie. Sin embargo, las condiciones se dieron y hoy lo tenemos como el flamante Mr. President. ¿Qué fue? Déjenme tirarles un chin de "inglé".

Para lograr la excelencia profesional, debemos utilizar todos los recursos y talentos que Dios nos ha dado. Si tenemos un gran talento para lo académico, debemos usarlo sin confiarnos sólo en ello. Si tenemos otros talentos diferentes, debemos desarrollarlos al máximo. Conjuguemos los talentos y los recursos para causar un mayor impacto como profesionales. La sociedad nos necesita.

REFLEXIONES

1. Como profesional, ¿cuál es tu fortaleza, tu base académica o tus aptitudes emprendedoras y de carácter?

2. ¿Estás haciendo el mejor uso de tus fortalezas?

3. ¿Confías en tu fortaleza académica o simplemente las usas como una base para tu desarrollo profesional?

4. ¿Entiendes cuáles son las prioridades de la empresa o simplemente quieres imponer tus ideas?

Segunda Parte

El Ambiente Laboral

Capítulo VI

Tu carnet dice empleado

*"El que hace bien su trabajo, estará al servicio de reyes
y no de gente insignificante".*
-SALOMON, REY DE ISRAEL (Prov. 22:29)

Como profesionales y como empleados necesitamos saber cuál es nuestro rol. Debemos reconocer nuestro estatus. Tenemos que entender muy bien que nuestro carnet de identificación lo especifica claramente. Aparte de escribir, yo soy también un empleado a tiempo completo. Desde ese rol de empleado, he obtenido la experiencia que he decidido compartir.

También he obtenido una gran experiencia de ser desempleado y tener que pasar por el proceso de búsqueda. No estoy tan seguro de cuál de estas experiencias me han ayudado más. Se obtiene experiencia en el ambiente laboral, pero también se obtiene experiencia de los momentos difíciles que se pasan cuando estamos desocupados y no podemos hacer frente a nuestras responsabilidades financieras.

Ahora bien, ¿entendemos ese rol de ser empleado y lo llevamos a cabo o queremos jugar otro diferente? Obviamente, muchas personas tienen sus sueños emprendedores y quisieran algún día ser sus propios jefes o jefas. Sin embargo, mientras dure nuestro estatus de empleado, debemos llevarlo a cabo de la mejor forma posible.

¿Qué significa esto? Hay muchas otras actividades que pueden competir con el tiempo que dedicamos al trabajo y que nos pueden distraer. Si te descuidas, haces todo menos cumplir con tus responsabilidades.

El trabajo no es necesariamente lo que te va a producir la mayor satisfacción. Posiblemente estés ansiosa por salir de la oficina o cualquiera que sea el ambiente de trabajo. Pero durante ese tiempo, hay que buscar todas las formas de disfrutar lo más que se pueda del mismo.

Necesitamos establecer prioridades. Cuando se está en el trabajo, la prioridad debe ser cumplir con sus responsabilidades. No debe ser perder el tiempo y dejar que el tiempo pase para envejecer. Cuando disfrutamos de nuestro trabajo, este se puede convertir en una de las actividades más divertidas. Luego viene la recompensa más allá de lo que nos imaginamos.

El ser excelente en el ambiente laboral no significa enfocarnos única y exclusivamente en las tareas que se nos asignan o en el plan que se ha elaborado para nuestra empresa. Debemos combinar nuestra vida laboral y profesional con otras actividades que permitan relajarnos. Hablo de algunas de estas actividades en el Capítulo XI sobre complementos a tu carrera principal. Uno de estos aspectos es el servicio comunitario. Sin embargo, hay que priorizar y saber qué es lo más importante.

> *Diversifica tu vida laboral y profesional con otras actividades que te relajen.*

Existen muchos casos de personas que han logrado insertarse en el trabajo que consideraban que era el ideal o el trabajo de sus sueños. Sin embargo, lo han perdido porque luego de estar en él no han podido cumplir con el mismo por descuido y por no enfocarse en la excelencia. No supieron desarrollar una estrategia de acuerdo con las exigencias del ambiente laboral y los requerimientos de los dueños. A mí me llegó a pasar y aprendí mi lección. Por el otro lado, existen casos de profesionales que originalmente no pensaban que el trabajo que tenían era el de sus sueños y luego llegó a serlo. Lograron lo que no se imaginaban por la entrega total y su enfoque en la excelencia.

Debes reconocer tu estatus. Eres empleado ahora y debes cumplir a cabalidad con tus responsabilidades. Cuando cambies de estatus, si tienes un enfoque emprendedor, no puedes seguir pensando de la misma manera. Entonces tendrás que enfocarte en desempeñar tu rol de empresario. Debes cumplir con tus responsabilidades de motivar a tus empleados y desarrollar estrategias de fortalecimiento y crecimiento para tu empresa.

No dejes que actividades no prioritarias llenen tu itinerario de trabajo y te distraigan. Establece prioridades. Hazlo desde el principio. Si no creas la cultura, luego se te hará casi imposible. Es como sacrificar en el presente para cosechar en el futuro. Para esto se necesita fuerza de voluntad individual para no dejarte arrastrar por cosas más placenteras en el momento. A veces es bueno decir no a muchas actividades que no producen ningún beneficio. Hay que entender la responsabilidad que se tiene por delante para luego cosechar los frutos de ese sacrificio.

> *No dejes que actividades no prioritarias llenen tu itinerario y te distraigan.*

Debemos cultivar muchos aspectos de nuestra personalidad para ayudarnos a sacar el máximo provecho de las situaciones que vivimos en un momento determinado. Cuando comenzamos nuestras vidas profesionales, a veces valoramos aspectos grandes del ambiente laboral, pero no prestamos atención a muchos pequeños detalles. Estos son los que van a marcar la diferencia entre un profesional del montón y uno que se distingue. A veces, simplemente se sigue la corriente de lo que hace la mayoría. No buscamos marcar la diferencia. Podemos marcar la diferencia enfocándonos en un simple aspecto clave que los demás no hacen. Es posible que la mayoría no valore la puntualidad, tanto en su horario de trabajo como en cumplir con fechas límites de entrega de asignaciones. Si lo haces, inicialmente te podrías encontrar con cierta resistencia de la mayoría, ya que vas a exponer sus debilidades. Sin embargo, ese simple hecho puede ser una gran contribución a la cultura laboral de tu empresa. Posiblemente, el futuro te dé la razón y los demás comiencen a imitar lo que has hecho. Esto puede tomar tiempo, pero no debes desanimarte. Mantente firme y verás los frutos.

Un aspecto importante y que debe formar parte integral de nuestro rol como profesionales, pero que muchas veces es bien descuidado, es el aspecto ético. En esta área también podemos marcar la diferencia. Posiblemente la mayoría se apoye para hacer cosas que no necesariamente son las mejores. Cuando nos diferenciamos y nos resistimos a actuar en contra de nuestros buenos principios, hacemos la diferencia. Esto no es fácil. Esto conlleva sacrificio y fuerza de voluntad.

Resístete a actuar en contra de tus principios para marcar la diferencia.

He conocido unas cuantas personas que han estado dispuestas a perder sus trabajos por no apoyar cosas indebidas. Es frecuente encontrarnos con casos en los cuales se nos pide que hablemos mentira. Un caso común es cuando no se quiere recibir alguna visita o atender alguna llamada. Se nos pide que digamos que la persona no está. Yo considero que esto no tiene sentido. Muchas personas no conocen el impacto que la honestidad causa. Cuando te sucedan situaciones parecidas, ¿qué vas a hacer?

No se me olvida una situación que me pasó con un supervisor que una vez tuve en un trabajo. Esta persona fue asignada temporalmente hasta que llegara la otra que había sido seleccionada por concurso. Al principio todo lucía color de rosa. Sin embargo, las cosas se tornaron diferentes cuando yo no estaba dispuesto a tolerar sus mentiras. Mis demás colegas tenían más facilidad para seguirle la corriente. A mí se me hacía imposible. No iba a sacrificar mi integridad por cubrirle faltas a alguien. Yo sé que actuar contrario a los buenos principios tiene consecuencias funestas a largo plazo aunque al principio nos permita disfrutar de un relajamiento temporal. Bueno, un relajamiento si ya tenemos una conciencia carcomida. Si nuestra conciencia es pura, cosas pequeñas que violen nuestros principios no nos dejarán tranquilos hasta que no nos limpiemos. ¿Qué tú piensas?

> *Aprovecha tu juventud para definir quién quieres ser en el futuro.*

La personalidad que tengamos y los valores con los que actuemos en nuestra juventud posiblemente nos persigan durante toda nuestra vida. Podemos cambiar si decidimos ser radicales y trabajamos en esos aspectos que reconocemos que nos han hecho daño. Si nos fijamos, muchas de las características que teníamos en aquellos tiempos todavía forman parte de nosotros.

Ética es ética en cualquier etapa de nuestras vidas. Si no cultivas la responsabilidad temprano, posiblemente te va a costar más cultivarla en el futuro. Aprovecha tu juventud para definir quién quieres ser en el futuro. ¿Quieres ser una persona responsable como profesional? Comienza siendo responsable en todos los quehaceres de tu vida. Si no lo eres, cambiar tu reputación ante las personas que ya te conocen te va a costar mucho trabajo. Tendrías que hacer un esfuerzo extra para cambiar la imagen y demostrar que eres diferente.

Debemos aprender a actuar de la mejor forma posible en nuestro ambiente de trabajo y en la sociedad. Debemos cultivar una ética que marque la diferencia. Debemos buscar ser una luz que brille en la oscuridad. No seas parte del montón simplemente por ser complaciente y no estar dispuesto a sufrir.

Hay unos conceptos que no se me olvidan de mi materia de ética profesional. Estos son los relacionados con ética positiva y ética normativa. La ética normativa está relacionada con el enfoque de cómo realmente deberían ser las cosas. La ética positiva, por el otro lado, se relaciona con lo que las personas hacen sin juzgar la conducta. Hoy en día tenemos muchas personas siguiendo la manada sin preocuparse del por qué de las cosas.

Muchos se enfocan en seguir tradiciones y no hacen un esfuerzo por indagar y hacer un aporte a la sociedad. Con este tipo de personas la sociedad seguirá siendo la misma. Dentro de las personas que quieren ir más profundo, salen y han salido aquellas que han causado un impacto y han transformado nuestra sociedad de una forma positiva. Respecto a esto me llega a la mente el libro sobre manejo del cambio de Robert J. Kriegel y Louis Patler titulado *Si no está roto, rómpalo*.

> *Actúa por tus propias convicciones. Cerciórate de que las mismas sean buenas.*

Uno de los aspectos que describe el libro es que para mantener el paso en los cambios en los negocios, es necesario un cambio fundamental en la forma de pensar. No siempre se debe seguir la sabiduría convencional. No se debe hacer siempre lo que la mayoría ha hecho por años. Debemos ir más allá. Debemos actuar por nuestras propias convicciones. Debemos llegar a tal punto de que retemos las costumbres establecidas. Haciendo lo que vemos a otros hacer siempre, sólo llegaremos al punto que ellos han llegado. Establece la diferencia, libera la creatividad interna. Kriegel y Patler dicen que debemos combinar la sabiduría no convencional con el deseo de innovar y de tomar riesgos. También dicen que esta sabiduría puede impulsar una empresa hacia la cima[1].

> *Rápidamente el futuro se convierte en el presente que vivimos.*

Forjemos nuestra ética profesional en base a buenos principios. Sembremos con lágrimas para cosechar con alegría. Sacrifiquemos buscando establecer buenos estándares para ayudarnos en el futuro. No seamos miopes. Nuestro futuro no es el presente. El presente queda atrás rápidamente y muy pronto nuestro futuro es el presente que vivimos.

Cuando se tienen principios y convicciones fuertes para hacer las cosas como se deben, nos encontramos con muchas "mangueras-apaga-fuego". Recibimos oposición porque esta no es la norma. Lamentablemente nuestra sociedad se ha corrompido. Si nos descuidamos, se seguirá corrompiendo más. Necesitamos personas de voluntad firme para hacer una diferencia. Si eres una de estas personas, no dejes que nadie ni nada mate tu sueño. Si no eres una de esas personas, móntate en el barco ahora. Los frutos que cosecharás más tarde serán incalculables aunque te encuentres con muchos obstáculos en el camino.

Tenemos sueños de llegar alto, pero para lograrlos a veces tenemos que nadar contra la corriente y con determinación.

---

[1] *http://www.resumido.com/es/libro.php/171. Tomado el 24 de marzo del 2009.*

Las "mangueras-apaga-fuego" pueden estar en nuestro ambiente de trabajo. No nos dejemos vencer.

Permítanme también incluir en esta parte algunas ideas sobre el manejo del tiempo. Yo considero que esto es un aspecto clave para cada profesional en el ambiente laboral. Existen muchos factores que nos pueden afectar en nuestro ambiente de trabajo y estresarnos. Puedo decir que de ellos, el que más me afecta es el tiempo. No existe una sola actividad que me haya propuesto y que no la haya terminado por falta de tiempo. Sin embargo, la preocupación sobre el tiempo que tengo disponible es un factor que me causa mucho estrés. Debemos poner atención especial al manejo del tiempo en el ambiente laboral. Sobre este tópico se ha escrito bastante. Aquí incluyo sólo pinceladas para motivarles a hacer un buen uso de este recurso.

> *Invierte el tiempo sabiamente en cosas prioritarias.*

Como dice Stephen Covey: "La clave no es gastar el tiempo, sino invertirlo". Debemos invertir el tiempo sabiamente en las cosas prioritarias. Si tuviéramos todo el tiempo disponible para realizar nuestras tareas, viviéramos una vida relajada. Es difícil para mí encontrar otro factor que produzca más estrés. Si yo tuviera todo el tiempo disponible para hacer mis tareas, posiblemente no tuviera ningún estrés. Sin embargo, este no es el caso.

Tan pronto como comenzamos un nuevo trabajo, tenemos un dilema. Queremos que el tiempo pase para lograr metas profesionales y laborales. Al mismo tiempo, queremos que el tiempo pase lento para que sea suficiente para cumplir con todas nuestras responsabilidades. Dependiendo de la carga que tengamos, una de estas alternativas va a prevalecer. Si no tenemos mucha carga, queremos que pase rápido. Si tenemos mucha carga, queremos que sea lento.

El tiempo que tenemos es limitado y no podemos diseñar un día diferente al que tenemos de 24 horas. Por lo tanto, un buen manejo del tiempo, es uno de los factores claves para el manejo del estrés que el mismo produce. Cuando tenemos el tiempo controlado, somos personas más relajadas. Cuando el tiempo nos controla a nosotros, tenemos una vida llena de tensión.

Pero, ¿cómo manejamos el tiempo? ¿Cómo planificamos el uso del tiempo teniendo tantos imprevistos o factores fuera de nuestro control? Precisamente, porque tenemos tantos factores adversos, debemos aprender a ser buenos administradores del tiempo y de los muchos otros recursos escasos con los que contamos. Aprender a ser un buen gerente es un asunto que lo vamos a necesitar para toda la vida, independientemente de la posición que estemos ocupando. Comienza desde ahora. Sin importar el enfoque técnico o gerencial de tu carrera, finalmente quieres terminar siendo un gerente. Es decir, quieres dirigir a otras personas hacia el logro de objetivos comunes en la organización. Posiblemente te encuentres con que el tiempo que tienes no es suficiente para todo.

> *Nada te garantiza que tendrás más tiempo en el futuro.*

Aunque el tiempo produce estrés, cuando se hace un buen uso del mismo, disfrutamos más todas las cosas que tenemos que hacer. Aprende a hacer un buen uso del tiempo cuando lo tienes. No hay garantía de que en el futuro tendrás más tiempo disponible. Aunque muchas veces no lo pensamos, al principio de nuestras vidas profesionales se tiene un tiempo precioso que luego vamos a añorar. Con la experiencia acumulada vienen muchas otras responsabilidades que requieren de mucho tiempo. Si nos descuidamos, no vivimos nuestras vidas y pasamos todo el tiempo inmersos en los quehaceres laborales porque el tiempo no es suficiente.

Recuerdo que cuando yo era estudiante de inglés en la Universidad de Georgetown en Washington, D.C., nuestras profesoras nos motivaban a aprovechar ese tiempo en los Estados Unidos para visitar la mayor cantidad de lugares posibles. Nos decían que luego, cuando volviéramos a los Estados Unidos como ejecutivos, íbamos a querer tener el tiempo libre para visitar y no lo íbamos a tener. Ese es mi caso ahora. Estoy viviendo el futuro de aquel presente y veo la realidad de lo que se me decía. Esto también lo viven personas del mismo grupo que hoy ocupan altas posiciones ejecutivas tanto en el sector público como privado.

Hoy es el momento preciso para hacer un buen uso del tiempo. No es mañana. Mañana no tendrás todo el tiempo para el deporte, las artes, turismo visitar las personas que siempre visitabas en tu pueblo natal. Mañana te dirán que los humos se te han ido a la cabeza. Un buen uso del tiempo es clave para vivir una vida feliz. Aprovéchalo al máximo. Haz el mejor uso del mismo.

Repito. Debes entender que eres un empleado o un profesional y debes actuar como tal. Sienta un buen precedente y luego verás los resultados positivos. No necesariamente sigas a la mayoría. En la historia, la mayoría nunca ha marcado la diferencia en ningún aspecto. Bueno, lo ha hecho en las elecciones. Sin embargo, tan pronto la persona toma el poder, la mayoría se arrepiente. La diferencia la ha causado un individuo que ha decidido establecer estándares más allá de lo común.

REFLEXIONES

1. Como profesional, ¿cuáles son tus prioridades?
2. ¿Crees que con más horas extras harías una mejor administración del tiempo?
3. ¿Sigues la corriente de la mayoría o tratas de mantener tu criterio porque consideras que es lo mejor basado en tus convicciones?
4. ¿Qué base quieres establecer al principio para sacar el máximo provecho en tu vida profesional?

Capítulo VII

La actitud es clave para el éxito

"En las adversidades sale a la luz la virtud".
-ARISTÓTELES

Nuestra actitud es clave para tener éxito en cualquier aspecto de nuestras vidas. A veces nos enfocamos en muchos otros detalles y no consideramos que un cambio de actitud puede marcar la diferencia. Puede marcar la diferencia entre el estrés y el relajamiento, entre estar abrumados de trabajo y mantener un balance emocional, entre la personalidad insoportable de algún jefe y su carácter amable.

> *La actitud marca la diferencia entre estar abrumados y mantener un balance emocional.*

Entre la incapacidad de desempeñar una tarea específica y un optimismo de lograr cualquier meta que nos propongamos. La actitud juega un rol preponderante en nuestras vidas.

Y si esto es así, ¿por qué la gente no cambia de actitud para mejorar su vida? Lo que pasa es que la mayoría de las personas defiende la actitud que tiene. A veces tenemos una actitud que afecta todo el ambiente laboral. Sin embargo, pensamos que todos a nuestro alrededor están equivocados y el único que tiene la razón es uno. Y cuidado si te atreves a enfrentar la actitud de esa persona. Si lo haces por tratar de ayudar, empeoras las cosas.

En este capítulo hablaré de diferentes actitudes negativas que prevalecen en el ambiente laboral y también discutiré cómo cambiar. No quiero decir con esto que yo soy la persona que mejor actitud tiene. Tengo mucho que cambiar al respecto. Posiblemente, yo tenga que aprender más de mis compañeros de trabajo que lo que ellos tengan que aprender de mí. Escribo estas cosas porque tuve la dicha de tomar la iniciativa y motivarme a escribir. Describiré la actitud hacia los superiores, hacia los subalternos, hacia empleados mayores y con más tiempo en la empresa aunque estén al mismo nivel, hacia los nuevos empleados y otras actitudes.

Para de criticar a los demás. Enfócate en lo que tú tienes que hacer.

Si te fijas en los diferentes ambientes de trabajo, ¿cuál es la actitud que prevalece? ¿Es una de respeto y sumisión hacia los superiores o de crítica hacia las decisiones que se toman? Lamentablemente, la actitud que normalmente prevalece es la crítica no constructiva hacia lo hacen los demás, principalmente a nuestros superiores. No se ve mucho una actitud de cooperación para que las ideas se lleven a cabo. Pensamos que podemos desempeñar el rol de nuestro jefe mejor y que tuviéramos una mejor actitud hacia el personal si estuviéramos en esa posición. A veces hay

Mantén una actitud de cooperación hacia tus superiores.

una actitud hostil cuando vemos a uno de nuestros compañeros como una posible competencia en nuestras funciones. El caso se da también cuando esa persona nos reta a dar más de nosotros.

Como subalternos, a veces pensamos que tenemos la solución a muchos de los problemas que se presentan. Pensamos que nos merecemos ser los jefes. No respetamos la jerarquía. Sin embargo, cuando ascendemos, si es que algún día llegamos a ascender con esa actitud, no quisiéramos que nuestros subalternos reaccionen como reaccionábamos cuando estábamos en esa posición. Ahora queremos que las cosas sean diferentes, pero no lo hacíamos antes.

Necesitamos una actitud de cooperación hacia los superiores. De esa forma, puede aumentar la eficiencia en el ambiente de trabajo y haber mayor armonía. A veces, y lo voy a decir con toda la crudeza, da hasta asco escuchar compañeros de trabajo hablar a espaldas de sus superiores. Lo que se dice es abominable. Lamentablemente, esa misma actitud prevalece en nuestra sociedad en sentido general. ¿Cuál es tu actitud hacia los superiores? ¿Cuál es tu actitud hacia las autoridades?

Sí, Wagner, pero es que tu no conoces a mi jefe. Es una persona que llegó a esa posición por las relaciones que tenía. No tiene la capacidad que se necesita para dirigir a ese nivel. Además, la forma en que se dirige hacia sus subalternos no está escrito en ningún libro de gerencia. Mi jefe conoce algunos aspectos técnicos de lo que hace, pero no tiene el entrenamiento gerencial y de motivación que necesita.

Puedo entender todas estas cosas. Sin embargo, hay una razón por la cual esa persona es la que nos dirige. He oído decir que tanto los pueblos como las personas tienen los dirigentes que se merecen. Si tu jefe o jefa es una persona que crees que no te mereces, revísate. Es posible que tú tengas mucho que cambiar en tu carácter y esa puede ser una forma de enseñanza que Dios está utilizando para moldearte.

Independientemente de la actitud de la persona que nos supervisa, debemos emplearnos a fondo para cumplir con nuestras responsabilidades en el ambiente laboral. Esto no quiere decir que una actitud hostil no nos va a afectar. Nos afecta y nos desanima, pero debemos aprender a lidiar con esas situaciones.

Muchas veces tenemos una mala actitud hacia nuestros superiores porque no nos gusta seguir instrucciones. En sentido general, nos gusta estar en una posición para dar instrucciones. Sin embargo, no nos gusta estar en la posición de recibir instrucciones y obedecerlas. Buscamos todas las formas posibles para hacer las cosas a nuestro modo.

Cuando seguimos instrucciones de alguien superior, podemos vivir tranquilos y confiar que nada malo nos va a pasar. Por supuesto que existen casos en los cuales se ve claramente la mala intención de la persona que nos está dando las órdenes y que no podemos obedecer. Es el caso del jefe que nos da instrucciones de decir que si alguien llama le digamos que no está. ¿Vas a obedecer una orden así o vas a mantener tu integridad? La forma como enfrentemos el seguir instrucciones durante nuestra vida profesional depende mucho de cuánto hayamos aprendido en el ambiente académico y en el familiar.

> *Aprende a lidiar con situaciones hostiles.*

Hasta este punto, he hablado sobre actitudes lidiando con superiores. Pero, ¿cuál es el caso cuando estamos lidiando con subalternos? Desde este punto de vista, necesitamos tener presente el principio bíblico que se describe como la regla de oro: "Haz con los demás como quieres que hagan contigo". Fíjate bien en cómo te sientes con tu superior e imagínate cómo tus subalternos se pudieran estar sintiendo contigo. A esto quiero agregar que no sólo debemos hacer con los demás lo que queremos que hagan con nosotros. Debemos también conocer qué quieren nuestros subalternos. Cada quien tiene preferencias y necesidades distintas. Lo que motiva a uno posiblemente no motive a otro. Debemos buscar la forma de satisfacer las necesidades de las personas que dirigimos. Necesitamos parar y tomar un tiempo para esto. No sólo debemos enfocarnos en las actividades que tenemos que realizar. Debemos enfocarnos en las personas. Ellas son el mejor activo con que cuentan las organizaciones.

He visto casos muy interesantes en el ambiente laboral. He visto caso de personas que no dejan de quejarse de sus superiores. Sin embargo, el trato que dan a sus subalternos es peor, inclusive, que el que como su supervisor lo hace ¿Por qué esta actitud? La mayoría de las veces, la persona no ve esta actitud en sí misma. Está tan arraigado en ella que se considera que se está actuando de la mejor forma. Es un esquema que para cambiarlo se necesita de mucho entrenamiento y un gran deseo desde lo más profundo de su corazón. Esta situación se complica aún más cuando se trata de empleados ya entrados en cierta edad. A esa edad, se considera que se tiene mucha experiencia y no se quiere aprender de otros compañeros más jóvenes aunque se vea que son expertos en el manejo de las relaciones interpersonales en un ambiente hostil.

No quiero dejar de mencionar una expresión de Zig Ziglar relacionada con la actitud de dueños de empresas y altos gerentes. A veces la actitud que se tiene hacia ciertos empleados es de no entrenarlos por temor a perderlos luego. Sin embargo, Zig mencionaba que es peor no entrenarlos y retenerlos. Esto quiere decir que si tienes una pérdida al entrenar a tu personal y luego perderlo, la pérdida es mayor cuando no lo entrenas y lo retienes. Por lo tanto, como dueño o gerente, debes tener una actitud de invertir en tu personal. Con esa actitud sólo se beneficia la empresa. Tendrás un personal más motivado y eficiente.

En el ambiente de trabajo también se da el caso de que tenemos empleados de diferentes edades y con diferentes tiempos en la empresa. Es interesante ver las diferentes situaciones. A veces tenemos empleados jóvenes con poca experiencia, pero con un gran entrenamiento académico y un gran corazón. Por el otro lado, tenemos empleados mayores con muchos años en la empresa, pero con un solo año de experiencia repetido varias veces. Con estas características podemos hacer varias combinaciones. No quiero hacer un crucigrama aquí. Simplemente quiero mencionar algunos casos para que sirvan de ilustración y nos motiven a buscar las mejores soluciones.

¿Cómo lidiamos con empleados mayores y cómo lidiamos con empleados más jóvenes? A continuación presento algunas situaciones. Cada quien debe ver qué se da en su ambiente laboral y hacer las aplicaciones de lugar según sea el caso.

Hoy en día, la edad no es el factor principal que determina quién va a ocupar una posición más alta en una empresa. Con frecuencia nos encontramos con personas jóvenes tan talentosas y altamente preparadas que entran a las empresas y son ascendidas rápidamente a posiciones gerenciales. También nos encontramos con los casos de personas que por cualquier otra razón también ocupan esos puestos. Una de estas razones es el lazo familiar.

El trato hacia los demás empleados depende de nuestro amor por las personas.

Todas estas razones hacen que nos encontremos en las empresas lidiando con empleados mayores en edad que son nuestros compañeros o, inclusive, tenemos que supervisar. Existen jóvenes que saben exactamente lo que deben hacer por su buen entrenamiento gerencial. Eso también lo acompañan con un gran corazón, integridad, confianza y formación personal y espiritual.

Cómo nos llevamos con los demás empleados en el ambiente laboral depende mucho de cuánto amor tengamos por las personas. Cuando menciono amor, me refiero al deseo de sacrificarse por los demás y estar dispuestos a servir y no simplemente en que se nos sirva.

Eso nos pone en una posición de liderazgo ante los demás. En muchas situaciones, como humanos, nos vemos tentados a enfocarnos en hacer nuestro trabajo sin que nos importen los demás, pero no debemos dejarnos arrastrar por esos pensamientos malignos.

Mantén firme tus convicciones de servir.

Estos no contribuyen al crecimiento de la organización. Es posible que la forma de actuar de ciertas personas te moleste, pero bebes mantenerte firme en tus convicciones de servir y no dejarte arrastrar por la tentación. Es lo que hacen quienes marcan la diferencia. Las personas del montón simplemente se dejan dominar por sus emociones, las cuales normalmente nos conducen hacia lo malo. Es muy raro que nuestras emociones nos conduzcan a actuar correctamente.

¿Qué haces cuando llegas a un nuevo trabajo o cómo reaccionas cuando llega una persona nueva a tu ambiente? Me llena de gran satisfacción cierta actitud que he tomado hacia nuevos empleados que han llegado a algún trabajo en que he estado. No quiero tomar todo el crédito. Es posible que mi actitud de contribuir haya sido por la buena actitud mostrada por esas otras personas. He tratado de transferir mi experiencia hacia esas personas y lo han agradecido. Esto tiene su ventaja. La persona que aprende rápido es de gran ayuda para toda la empresa. A veces se puede pensar en la competencia. Sin embargo, al profesional con una alta autoestima no le preocupa esto. Le preocupa al inseguro que teme ser desplazado si el nuevo aprende lo que él sabe.

A veces se da el caso de que alguien a quien enseñamos escale más que nosotros. Aceptar esto es un reto. Como humanos, a veces no queremos verlo. Sin embargo, no debe preocuparnos si la persona ha escalado por sus propios méritos y no porque nos hayamos quedado rezagados. Si este último es el caso, debemos revisarnos y ver qué necesitamos cambiar. Es posible que a quien hayamos ayudado se convierta en alguien clave para ayudarnos a levantar y llegar a un nivel nunca antes imaginado. Es posible que, por sus méritos, esa persona encuentre una posición mejor en otra empresa. Probablemente, esa persona se mantendrá agradecida de ti durante el resto de su vida.

> *Controla tus emociones. Rara vez nuestras emociones nos conducen a actuar de la forma correcta.*

Se dan casos también de personas que llegan nuevas a una oficina sin una actitud de aprender. Se enfocan en ver los aspectos negativos del ambiente de trabajo y no en aprender de las que tienen más tiempo. Mi recomendación es que se haga un balance. Se debe ir con una actitud de aprender y también con una actitud de inyectar sangre nueva. Al principio se debe observar y aprender. Paulatinamente, se debe comenzar a hacer las contribuciones de lugar.

Ahora bien, en el ambiente laboral no sólo existen factores adversos con los cuales tenemos que lidiar debido a las personas. Existen otros factores que afectan el ambiente laboral y que tenemos que manejar para mantener un nivel de estrés que no afecte nuestra eficiencia. No debemos tener como meta un ambiente libre de estrés. Nuestra meta debe ser mantenerlo a un nivel manejable que nos impulse a ser más eficientes.

Las personas ven los factores adversos desde diferentes perspectivas. Para algunas, estos son un problema que les limita.

Otras los ven como una gran oportunidad para producir cambios. Los utilizan como una gran experiencia para enfrentar retos posteriores.

Como en el ambiente laboral no todos los factores son favorables, hay que saber enfrentar las adversidades. Hay que aprender a manejarlas para escalar a otras posiciones. Para sobresalir hay que vencer muchos obstáculos. Estos siempre se van a presentar en el ambiente laboral. Quien tú seas, luego de lidiar con situaciones adversas va a depender de tu actitud. Puedes ver esas situaciones como algo negativo o puedes aprender de la experiencia para cosechar éxitos.

El filósofo griego Aristóteles dijo: "En las adversidades sale a la luz la virtud". Yo digo que las situaciones difíciles en nuestras vidas distinguen los verdaderos hombres y las verdaderas mujeres de los "muchachos" o "muchachas". Cuando no se enfrentan situaciones difíciles, cualquiera puede lucir bien. Cuando las situaciones se complican, sale a flote el verdadero carácter y la valentía de cada persona. Se necesita que el horno esté bien caliente para que se puedan producir buenos panes.

> *Las situaciones difíciles deben ayudarnos a forjar nuestro carácter.*

Muchos problemas se resuelven con un cambio de actitud. Las situaciones difíciles que enfrentamos nos ayudan a cambiar y moldear nuestros corazones. Hay una gran diferencia entre la forma de ver las cosas del Wagner Méndez hasta los 16 años de edad cuando se mudó de su casa y el Wagner Méndez de ahí en adelante, el cual pasó por un internado en el ISA, la PUCMM y luego viviendo solo en una cultura diferente en los Estados Unidos. Muchos no tuvieron el valor y la decisión para enfrentar los sufrimientos. Muchos desistieron y a otros "los desistieron" involuntariamente por no poder sobrepasar las exigencias. También hay una gran diferencia entre mi actitud hacia el trabajo cuando comencé a trabajar ya como profesional y mi actitud ahora después de pasar por diferentes retos en ambientes laborales diversos.

Hoy en día, como profesional, puedo lidiar mejor con factores adversos, debido a todas las situaciones difíciles que tuve que enfrentar anteriormente. Posiblemente tú estés pasando por situaciones difíciles actualmente. Tal vez estés luchando con situaciones que crees que no vas a vencer. No te desanimes.

Si quieres otro ejemplo parecido al mío sobre cómo vencer obstáculos, pregúntale a Alejandrina Germán, la Ex Secretaria de Estado de Educación y actual Secretaria de Estado de la Mujer. Con mucho gusto ella te describirá todo lo que tuvo que pasar estudiando en su campo en San Francisco de Macorís y al mudarse para la capital. Fueron muchos los obstáculos que tuvo que vencer para llegar a donde está hoy en día.

Aunque te encuentres en tu más profundo sueño, nunca pienses que estás dormida.

La perseverancia y el sacrificio producen sus frutos. Puedes pasarte el tiempo quejándote de lo mala que está la situación, pero las quejas no te van a ayudar a ser mejor. Aun en situaciones difíciles, debes tener una actitud positiva.

Utiliza los factores adversos para moldear tu actitud, tu carácter, tu honestidad y demás cualidades que te van a ayudar a ser la persona que la sociedad necesita. Este tamiz de situaciones adversas es necesario para hacer la diferencia. Es necesario para forjar los hombres que definirán el futuro. Busca sacar el máximo provecho de tales situaciones.

Conocemos la historia y vemos muchos ejemplos de personas que se sacrificaron por un ideal. Todavía la historia no termina. Tú puedes comenzar a escribir otros capítulos brillantes para las futuras generaciones. No pierdas el valor. Una vez escribí un poema para alguien, el cual incluyo en mi libro

Añoranzas de mi Tierra. Lo comencé con esta frase que aquí cito: "Aunque te encuentres en tu más profundo sueño, nunca pienses que estás dormida".

La intención de esta frase fue inspirar a esta persona a dar lo mejor y ver que aun en las situaciones más adversas de la vida, se puede levantar cabeza y no darse por vencido. Aunque no entiendas el porqué de esas situaciones, un día te darás cuenta. Yo he podido ver a lo largo de mi vida los resultados de muchas situaciones adversas. Estoy escribiendo mucho sobre situaciones adversas por las muchas que he pasado en ambientes laborales. Si no les saco ningún otro beneficio, por lo menos las he utilizado para ilustrar y edificar a otros.

Debemos sacar lo mejor de las situaciones difíciles. No las debemos dejar escapar sin sacarle el máximo provecho y obtener la lección que Dios nos quiere enseñar. Me llega a la mente la situación que se describe el en libro de Génesis (Gén. 32:22). Esto describe una situación en la cual Jacob estaba pasando por una situación muy difícil. El luchaba contra el ángel de Dios. ¿Te imaginas lo difícil que puede ser esto? El ángel quería que Jacob lo soltara porque ya estaba amaneciendo y tenía que irse. Pero Jacob le dice que no lo soltará hasta que no lo bendiga. ¿Quieres que una situación difícil en tu vida desaparezca sin ver la bendición que ella trae consigo o quieres ver un resultado positivo de la misma?

> *No dejes pasar las situaciones difíciles sin sacarles el máximo provecho.*

Sufrimos cuando estamos lidiando con diferentes situaciones adversas. También sufrimos cuando estamos tratando con personas difíciles en el ambiente de trabajo. Utilicemos estas situaciones para forjar nuestro carácter. Utilicemos las situaciones adversas para cosechar éxitos. Utilicemos las situaciones adversas para causar una diferencia manteniendo siempre una actitud positiva hacia las personas y las circunstancias.

REFLEXIONES

1. ¿Cuáles han sido las lecciones aprendidas en los momentos más difíciles de tu vida?

2. ¿Cómo crees que será tu vida si nunca tienes que enfrentar momentos difíciles y todo te resulta fácil?

3. ¿Qué estrategias usas para luchar con los factores adversos en tu vida?

Capítulo VIII

Trabajo en equipo

"Juntarnos es el comienzo. Mantenernos juntos es progreso. Trabajar juntos es ser exitosos".
- HENRY FORD

Aprender a trabajar en equipo desde temprana edad ayuda a valorar la cooperación y el sentido de que no podemos hacer todo por nuestra cuenta. Al fin y al cabo, tanto en la niñez como en el ambiente de trabajo se necesita trabajar en equipo. Por más independientes que seamos, tenemos que trabajar en equipo. No es posible ser autosuficiente en ningún ambiente laboral.

Mi vida de estudiante creó un individualismo tal, aunque me ayudó a ser una persona dedicada, que también me afectó en cuanto a mi actitud hacia el trabajo en equipo luego de ser un profesional. Por las experiencias negativas, buscaba no trabajar en equipo. Al contrario, buscaba resolver todo individualmente. Sin embargo, más tarde pude darme cuenta de la gran tensión que se tiene cuando toda la carga recae sobre una sola persona y el gran alivio que se recibe cuando la carga está balanceada entre los miembros del equipo en el ambiente laboral.

Se debe fomentar el trabajo en equipo y tratar de aprender lo más que se pueda en el mismo. Es imposible escaparse de trabajar en equipo en la vida profesional. Por lo tanto, hay que fomentarlo desde cualquier ámbito antes de llegar a formar parte de un equipo profesional. Todos debemos contribuir como equipo al logro de las metas. Para lograrlas, cada quien debe aportar sus fortalezas.

A veces nos quejamos de que los demás nos dejan todo el trabajo. Sin embargo, también nos acostumbramos a eso. Cuando alguien integra nuestro equipo con una actitud de retar nuestras ideas, nos sentimos incómodos. Se tiene el temor de perder el liderazgo. Debemos aprender a trabajar con esas personas también y con aquellas que juegan un rol pasivo de aceptar todo lo que se dice.

El resultado de un buen aprendizaje trabajando en equipo es una vida profesional más relajada. Es bueno cuando no somos el cuello de botella. Es mejor terminar su asignación y esperar que los demás cumplan con su parte en vez de que se tenga que esperar a que uno termine la suya. Con esto se tiene tiempo para generar ideas y mantenerse a la vanguardia. Por el contrario, si somos un cuello de botella, siempre estaremos simplemente cumpliendo con nuestras asignaciones y no yendo la milla extra.

> *No seas un cuello de botella. Aporta lo más que puedas al equipo.*

Yo afirmo que a la mayoría de las personas les gusta el ocio. Pero debemos aprovechar esas circunstancias para aprender a trabajar con los demás y desarrollar un sentido de cooperación. Debemos buscar que los demás rindan, pero sin lucir que somos mejores a expensas de ellos. Hay que saber que quien tiene talentos diferentes y puede aportar al equipo lo que tiene.

Si desarrollamos un buen sentido de trabajo en equipo, cosecharemos los frutos durante nuestra vida profesional y social.

Normalmente, queremos mostrar todas nuestras fortalezas y no nuestras debilidades. Creemos que eso nos va a atraer a los demás. Al contrario, he visto que cuando sólo nos enfocamos en mostrar nuestras fortalezas, alejamos a la mayoría. La mayoría vive sumida y consumida por las preocupaciones. No quieren estar al lado de alguien que no muestre problema alguno y que luzca ser una persona de hierro. Esa persona luce diferente e inclusive, se ve arrogante.

Una buena estrategia para trabajar en equipo es hacer una buena selección de los integrantes del mismo. Les relato esta historia que compartí en mi otro libro sobre excelencia académica para los que no han tenido la oportunidad de leerlo. En una conferencia dictada por el entrenador de baloncesto Phil Jackson sobre trabajo en equipo, él exponía todas las estrategias y puntos que consideraba importantes. Al yo ver que estaba tomando todo el mérito –y era lógico que lo hiciera, ya que era él quien se estaba promoviendo como orador- le pregunté que si consideraba que podía lograr los mismos resultados si no contaba con Michael Jordan en el equipo, el cual era la figura clave. Su respuesta fue que esa era también parte de la estrategia. Para tener un equipo ganador se deben seleccionar las personas claves de antemano.

Phil Jackson dijo que tuvo que emplearse a fondo con Michael Jordan para ayudarlo a trabajar en equipo y no sólo a buscar su gloria individual. Michael Jordan respondió a sus orientaciones y ayudó bastante al equipo y a él personalmente. Si Michael Jordan no hubiese respondido a las orientaciones, posiblemente no hubiese alcanzado la grandeza que alcanzó en el baloncesto. Posiblemente, su equipo, los Bulls de Chicago, no hubiese ganado tantos campeonatos y Michael Jordan, posiblemente, hubiese sido un jugador más en la historia de ese deporte.

Phil Jackson también mencionó en esa conferencia sobre la dificultad de trabajar con Dennis Rodman como parte de un equipo. Era una persona difícil para comunicarse. En un equipo debe haber buena química para lograr buenos resultados. Phil Jackson mencionaba que Dennis Rodman había hecho una buena elección con jugar baloncesto, ya que no se necesita hablar mucho para lograr buenos resultados. Simplemente, se necesita hacer el trabajo que se tiene por delante. Aunque hay que reconocer que la comunicación es crucial para lograr mejores resultados como equipo.

El sentido de compañerismo es muy importante para el trabajo en equipo. Martin Luther King, Jr. Dijo: "Si ayudo a una sola persona a tener esperanza no habré vivido en vano".

Hay que desarrollar buenas relaciones con sus compañeros. Esto es una parte fundamental para la armonía en el ambiente de trabajo. Sin embargo, cuando se trata de buscar la excelencia profesional, ten mucho cuidado. Muchas personas malgastan el tiempo sin importarles lo valioso que es. Al final, cuando se dan cuenta, puede ser un poco tarde.

Nunca es tarde para aprender a trabajar en equipo. No importa la edad. El beneficio de un buen trabajo en equipo es tal que vale la pena cualquier tiempo y esfuerzo que invirtamos. Si no eres una persona muy buena trabajando en equipo, no esperes más. Entrénate e intégrate, no te quedes fuera. Por tu cuenta nunca vas a llegar al nivel que llegarías con la ayuda de otros. Por tu cuenta, posiblemente el tope sea lo que has logrado hasta el momento.

¿Qué significa buen compañerismo? ¿Será estar junto a alguien sin importar a dónde nos va a llevar esa relación? Todo va a depender de nuestros objetivos en la vida. Cada persona debe tener objetivos y metas definidos. No debemos dejar que nada mate nuestros sueños. Debemos desarrollar un compañerismo y amistades que nos ayuden a lograr nuestros sueños. También debemos ver qué podemos aportar en la relación. No debemos buscar un compañerismo basado simplemente en lo que vamos a ganar de la relación sin aportar al mismo. Debemos hacer aportes positivos. Me he puesto como meta siempre buscar aportar más al equipo o a personas individuales que lo que me aportan a mí. Con esta actitud, siempre veremos que estamos recibiendo mucho. Al contrario, cuando nuestra actitud es de aprovecharnos del equipo o de los demás, siempre pensaremos que lo que se nos aporta no es suficiente. Siempre estaremos insatisfechos.

REFLEXIONES

1. ¿Qué tanta comodidad sientes trabajando en equipo?
2. ¿Cuál es tu rol trabajando en equipo, eres un cuello de botella o facilitas el logro de los resultados?
3. ¿Se te dificulta ceder en tus opiniones para aceptar las de los demás cuando trabajas en equipo?
4. ¿Cuál es tu actitud hacia los equipos de trabajo en donde abunda la diversidad de personas y de opiniones?

Capítulo IX

Diversidad en el ambiete laboral

"El que la diversidad se convierta en un activo o en un pasivo para tu organización depende de cómo la uses".
-KAY DUPONT

Muchos profesionales se enfocan bastante en los aspectos técnicos de las funciones que realizan en una empresa y dejan a un lado los aspectos gerenciales u otros aspectos claves del ambiente laboral. Alegan que no son gerentes y que sus funciones son meramente técnicas. No se dan cuenta que esos aspectos son claves para contribuir con sus tareas específicas y mejorar el ambiente en la organización. ¿Se entiende esto? ¿Es simple?

Menciono lo anterior para hacer una analogía con un tema similar, pero que puede ser menos obvio. Quiero enfocarme en cómo lidiar con la diversidad en el ambiente de trabajo. Esto se refiere a cómo interactuar con las diferentes personas y sus diferentes formas de pensar y de actuar en el ambiente de trabajo. Inclusive, muchas organizaciones, por el gran cúmulo de trabajo que tienen, descuidan el aspecto interpersonal. Se enfocan mayormente en las actividades cotidianas. Esto lo he vivido en carne propia en las diferentes empresas y organizaciones que he trabajado.

A veces se cree que todo en la oficina está bien porque se está cumpliendo con completar las tareas que cada persona tiene asignadas. La alta gerencia no se da cuenta que la eficiencia operacional se puede estar afectando bastante por una mala relación interpersonal. Si se dedica un tiempo a evaluar este aspecto y a motivar el personal, se puede aumentar la eficiencia y hacer un mejor uso de los recursos.

Con esta introducción, aunque posiblemente te hayas quedado un poco en el aire por el momento, espero que hayas despertado el interés, de aprender más sobre cómo trabajar estos aspectos en el ambiente laboral y facilitarte la vida profesional. Esto se debe tener muy en cuenta, inclusive, antes de comenzar un determinado trabajo. Prepárate de antemano para el reto y te alivianarás la carga luego.

En el ambiente laboral convergen diferentes personalidades. Debemos aprender a lidiar con cada una de ellas para ser más productivos. Alguien que sepa manejar estos aspectos y tenga una buena interrelación con los demás, sin importar el tipo de personalidad que tenga, se va a destacar y ocupará un rol de liderazgo. Prepárate para enfrentar estos retos. Son reales y nunca los podrás evadir. Estoy compartiendo esto con ustedes ahora, debido a mi experiencia en el ambiente laboral lidiando con diferentes personalidades de todos los calibres y humores. Yo no estaba previendo esto. Creo que era un poco ingenuo.

Un buen manejo de la diversidad puede aumentar la eficiencia operativa.

Mi gran amigo, el Dr. Yonis Reyes, antes de ingresar de nuevo a una universidad en los Estados Unidos para su maestría y doctorado, ya tenía bastante experiencia laboral trabajando para el Gobierno dominicano. El me hablaba de estas cosas cuando éramos compañeros de apartamento en la ciudad de East Lansing en la Universidad Estatal de Michigan. Yo veía su corazón en las manos cuando me daba estos consejos como si se los diera a un hijo. Me estaba preparando para enfrentar todas las situaciones difíciles con las que uno se enfrenta en el ambiente laboral. Mi juventud e ingenuidad, en ese tiempo, me conllevaban a entender sólo una parte de sus consejos. Ahora que he pasado por diferentes ambientes laborales, entiendo un poco más. Por lo tanto, toma estos consejos y prepárate de antemano.

Cuando no tenemos experiencia laboral, podemos ver el mundo color de rosa. Cuando llegamos a una oficina nos puede chocar la realidad. Si nos descuidamos, podemos frustrarnos. Si no enfrentamos el reto, podemos también buscar una salida renunciando. Desaprovechamos, de esa forma, una gran experiencia o nuestro sueño profesional. Posiblemente, en el próximo trabajo que consigas, las condiciones no van a ser diferentes. Tú puedes hacer la diferencia en cualquier ambiente laboral que te encuentres.

> *No busques que las demás personas se adapten a tus características particulares. Sé flexible.*

Aparte de mi experiencia laboral, una de las cosas que me ha motivado a incluir este capítulo fue el libro que leí titulado "Handling Diversity in the Workplace" (Lidiando con la Diversidad en el Ambiente de Trabajo), escrito por Kay duPont para un entrenamiento a empleados del Departamento de Agricultura de los Estados Unidos. Esta autora estadounidense se enfoca en ayudar a entender y respetar las condiciones particulares de los demás en el ambiente laboral. Ella resalta cómo se debe lidiar con diferentes personas de diferentes razas, religión, posición social o ideas políticas. También enfatiza cómo aprovechar las fortalezas y cualidades de cada persona para lograr los mejores resultados.

Esto no es lo que normalmente vemos en el ambiente de trabajo hoy en día. Lo que vemos es una lucha constante por sobresalir individualmente. Se busca que los demás se adapten a nuestras características particulares. Creemos que somos el centro del universo y que todo lo demás debe girar en torno a nosotros. No estamos dispuestos a ceder ni un instante en cuanto a nuestras convicciones. Siempre buscamos que los demás se adapten a nosotros. Queremos cambiar a todo el mundo y no estamos dispuestos a cambiar nosotros. No nos damos cuenta que la única forma de cambiar la conducta de otras personas a nuestro alrededor es cuando cambiamos nosotros primero. Las demás seguirán nuestro ejemplo. Debemos respetar las características particulares de cada persona.

Voy a llegar al extremo, inclusive, de dejar a las personas que se vayan por un precipicio cuando eso es lo que quieren. No me mal interpreten. Lo que sucede es que hay personas que están tan arraigadas en sus errores que no están dispuestas a ceder, a cambiar o a dejarse ayudar. Esperan ser humilladas y estar al borde del precipicio o en el precipicio mismo. Bueno, ustedes conocen casos de personas que inclusive estando en el precipicio, no están dispuestas a ceder sus convicciones erradas.

> *No trates de cambiar el mundo. Cambia tú primero.*

A veces queremos ayudar con lo que tenemos, pero las buenas intenciones son mal interpretadas. Esto se debe a que lo que normalmente predomina es que la gente no quiera ayudar. Muchas personas piensan que las demás normalmente tienen malas intenciones. Por lo tanto, cuando se ve a una persona desinteresada, se duda de la legitimidad de sus objetivos. En ese momento, la persona que quiere ayudar se decepciona y desiste de sus buenas intenciones.

Si tú eres una de esas personas que siempre tienes buenas intenciones para ayudar, no desistas. Mantén tus convicciones, pero recuerda que debes siempre darle cabida a la duda. Es posible que pienses que lo que estás haciendo es lo mejor, pero puedes estar equivocada. Confías y al final se va a mostrar si tienes o no la razón. Si actúas así, tus buenas intenciones van a encontrar un terreno fértil donde crecer. La gente se dará cuenta y tu liderazgo va a florecer. No te desanimes. Tú mismo conoces de muchos ejemplos a través de la historia de personas que no se han desanimado. Por eso han contribuido a cambiar la vida de muchas otras y a causar un gran impacto. Personas como Jesús, Madre Teresa, Martin Luther King y Gandhi, por mencionar algunas, estuvieron dispuestas a sacrificar sus propias vidas.

Una buena comunicación en el ambiente laboral aumenta la productividad.

La diversidad en el ambiente de trabajo crea muchos problemas de comunicación. Bueno, no sólo en el ambiente laboral. Esto se da también en los hogares y en la vida cotidiana. En las relaciones de parejas muchas veces parece como si se estuviera hablando dos lenguajes diferentes. Déjenme no continuar con la relaciones de parejas para no desviarme del enfoque principal. Continuaré con el ambiente laboral. Las relaciones de parejas es un tema para un libro completo y mucho más. Pregúntenle al Dr. Dunker.

Estas notas sobre comunicación en el ambiente laboral las escribí también para un artículo que publiqué en el periódico *Listín Diario*. Cuando lo escribí, mencioné en el título que la República Dominicana podría ganar un Premio Nóbel de Economía. A continuación verán mis planteamientos y la analogía que hago. Perdónenme quienes no les gustan muchos los temas económicos. Por otro lado, espero que haya otros que se deleiten con estas pinceladas de economía. Muchas personas que me conocen, posiblemente estén esperando que yo termine de escribir todos estos libros de motivación y poesía que he estado haciendo últimamente y me enfoque en escribir sobre algunos aspectos más técnicos de economía, mercadeo y gerencia. Eso viene. Manténganse en "quiu".

Cerciórate de que escuchas bien las instrucciones. No asumas que ya sabes lo que te van a decir.

Esta es la analogía. Pongan mucha atención y esperen hasta el final para que vean todo el sentido. Verán la importancia de la comunicación en el ambiente laboral y cómo trabajando este aspecto se puede incrementar la eficiencia operativa en todos los sentidos.

En el año 1995, el doctor Robert Lucas, economista estadounidense de la Universidad de Chicago, ganó el Premio Nóbel de Economía por el desarrollo de un modelo sobre las expectativas racionales y por haber, por lo tanto, transformado el análisis macroeconómico y profundizado la comprensión de la política económica.

Los modelos econométricos normalmente utilizan series de datos de períodos anteriores para hacer predicciones de lo que puede ocurrir en el futuro. Sin embargo, el doctor Lucas trató de predecir cómo se pueden tomar decisiones en el presente basadas en nuestras expectativas futuras. Por ejemplo, nuestro patrón de consumo en el presente puede estar muy relacionado con nuestras expectativas de ingresos en el futuro.

Podemos tener dos personas con un mismo nivel de ingresos cuya *propensión marginal al consumo*[2] sea muy diferente.

---

[2] *La propensión marginal al consumo mide cuánto se incrementa el consumo de una persona cuando se incrementa su renta disponible en una unidad monetaria, digamos un peso.*

Si el sueldo de una de estas personas está en un nivel que ella considera que es muy bajo con relación a sus ingresos potenciales, es muy probable que esa persona lo consuma todo y no se enfoque en ahorrar. Por otro lado, si la otra persona entiende que su nivel de ingresos, aunque igual en términos absolutos al de la persona anterior, es lo máximo que pudiera generar, se va a enfocar en no gastarlo todo. Se enfocaría en ahorrar para enfrentar cualquier situación de emergencia en el futuro.

Las conclusiones del doctor Lucas no salieron de inmediato. Le costó un tiempo desarrollar su modelo y arribar a conclusiones para hacerse merecedor de un Premio Nóbel. Pensando en ese modelo, me surgió la idea de hacer una comparación con la comunicación en el ambiente laboral y su impacto económico. Una investigación de esta naturaleza en la que se combinen un economista y una comunicadora social pudiera resultar bien interesante. No sé si se fijaron que dije un economista y una comunicadora. Fue que pensé en mí como economista y en mi hermana, Wanda Méndez, como comunicadora social.

Prepárate para los imprevistos que puedan cambiar el rumbo de tu vida.

¿Por qué digo todo esto? Lo digo basado en lo que veo a lo interno de las empresas. Existe un problema de comunicación debido a la diversidad. No nos imaginamos el valor que esto agregaría en las operaciones si la comunicación mejora. Y lo curioso es que ni siquiera los medios de comunicación escapan a esta falta de comunicación interna. Son empresas y también tienen esas debilidades.

Podemos comenzar resaltando el hecho de que la mayoría de las personas no escucha. Nos dan instrucciones y queremos partir a la ligera a ejecutar una acción. No esperamos entender lo que se nos quiere decir. Inmediatamente hacemos inferencias. Esto nos pone en situaciones embarazosas cuando no adivinamos lo que se nos quiere decir y nos vamos por la tangente. También nos afecta el hecho de que nos encanta hablar y hablar y se nos dificulta escuchar. Es bueno resaltar que la misma Biblia dice en el libro de Proverbios que es una necedad y una vergüenza responder antes de escuchar. Se debe tener esto muy presente.

He aprendido que la gente está sedienta de ser escuchada y muchas veces no se encuentra una persona que calme esa sed. Se han dado casos de muchos problemas que se resuelven automáticamente cuando escuchamos sin ni siquiera dar una sugerencia. Luego nos quedamos boquiabiertos cuando vemos que la persona ya está satisfecha sin que se le haya dado consejo alguno.

Me he encontrado con estos casos en varios ambientes laborales. He visto tantas personas que son tan ligeras en asumir que saben lo que se les va a decir que ponen una presión inmensa en el comunicador de la idea o el que da la instrucción. Se pierde bastante tiempo, el cual es también escaso, en tener que repetir lo que se está diciendo. También hay casos de personas que, con su tanta sed de ser escuchadas, no dan espacio a que el que escucha ni siquiera abra la boca para preguntar o emitir una simple opinión.

Menciono estas cosas no porque yo sea un experto y un modelo en este aspecto. Lo hago porque he tenido que trabajar bastante en mejorar y he logrado cambiar un poco. Todavía sigo trabajando en esto. También debo mejorar bastante para lidiar con todos los casos con los que me enfrento. A veces pienso que me encuentro con personas de esta naturaleza para recordarme todo lo que necesito aprender.

Pienso que situaciones que se dan en el ambiente laboral es también un reflejo de lo que necesito aprender para aplicar en mi hogar. Es posible que sea un ejemplo haciendo esto en mi trabajo y respetando las autoridades superiores, pero no lo hago tan bien cuando se trata de escuchar a mi esposa y poner en práctica estos principios. Para esto debo retarme cada día para mejorar. No pasemos estas cosas por alto. Esto puede darnos muy buenos resultados tanto a supervisores como a subalternos.

¿Y cómo esta sencillez puede asemejarse a tan codiciado Premio Nóbel? Bueno, posiblemente ese premio nunca se gane. Sin embargo, estoy seguro de que el impacto que puede causar y los beneficios que puede generar una buena comunicación en las empresas pueden igualarse o sobrepasar los beneficios generados por la inversión hecha en la mejor estrategia de mercadeo que se pueda diseñar.

Creo que si alguien, se dispone a evaluar la deficiencia operacional en las empresas debido a la mala comunicación y el impacto económico que tendría una buena comunicación, puede ser merecedor de una gran distinción. ¿Y por qué no un Premio Nóbel?

Además de la comunicación, hay muchos aspectos de la diversidad en el ambiente laboral que producen muy buenos resultados. Ayudan a tener más armonía y mejoran los resultados finales. No descuidemos este aspecto. A veces, en países como la República Dominicana, estos problemas de diversidad no son tan grandes como en otros países más desarrollados. En los Estados Unidos, por ejemplo, un país de inmigrantes, convergen tantos tipos de personas en el ambiente laboral que el manejo de la diversidad, con todos sus detalles, se hace imperante. Debemos aprender de sus experiencias para hacer lo mismo en nuestro país y mejorar el ambiente laboral. Además, la apertura económica y globalización traen consigo un incremento en la diversidad. Debemos preparanos para el futuro. Debemos mantenernos a la vanguardia.

REFLEXIONES

1. ¿Cómo reaccionas cuando estás lidiando con alguien que piensa diferente a ti?

2. ¿Cuál es el ambiente que quisiera que imperara a tu alrededor? Si es diferente a como esperas, ¿cómo te sientes?

3. ¿Qué tanto valoras la diversidad en tu ambiente laboral y en otros ambientes en los que te desenvuelves?

Capítulo X

Liderazgo

"No le diga a la gente cómo hacer las cosas, diles qué hacer y déjalas que te sorprendan con sus resultados".
- GEORGE S. PATTON

Líder. Todo el mundo quisiera ser uno. Dígame usted sobe un caso de alguien que no quiera serlo. Ahora bien, no todos estamos dispuestos a pagar el precio y el sacrificio que conlleva serlo.

Hay características intrínsecas de la persona que lo impulsan a ser un líder natural. Esto no significa que no se necesite de un sacrificio para convertirse en un gran líder. Se necesita desarrollar buenas características para dirigir a otras personas hoy en día. Se necesita mucho más cuando las personas que se dirigen son también líderes potenciales. El afamado escritor John C. Maxwell lo describe en su libro *Liderazgo: Principios de Oro* y al cual quiero hacer referencia en este capítulo por lo valioso de sus ideas.

A veces creemos que somos líderes y que hemos aprendido mucho por la experiencia. Sin embargo, a medida que pasa el tiempo nos vamos dando cuenta de todos los errores que cometemos dirigiendo y de todo lo que tenemos que aprender. Por esta razón, entiendo que más que vanagloriarme de un gran liderazgo en el aspecto profesional, prefiero tomar muchos ejemplos de grandes líderes con verdadera experiencia en la materia, a los cuales no soy digno de "desatarles el cordón de sus zapatos".

¿Y por qué incluyes esto en tu libro, Wagner? Lo incluyo porque considero que un libro como este quedaría incompleto si no se incluye este tema sobre liderazgo. Además, al igual que John C. Maxwell, entiendo claramente cuál debe ser el enfoque del verdadero liderazgo y lo mal entendido que se tiene hoy en día. El verdadero liderazgo es el liderazgo de Jesús. Es el liderazgo de una persona que no se limitó causar un impacto inmediato, sino un impacto que perdure para toda la vida. Es el liderazgo de servir en vez de ser servido. He notado que son éstos los principios sobre los cuales giran los libros de liderazgo de Maxwell. Por eso han tenido ese gran impacto a nivel mundial.

> *Desarrolla un liderazgo de servir y no de ser servido.*

Como profesionales, siempre estamos buscando crecer en nuestro liderazgo. Queremos escalar y necesitamos aprender bastante sobre ser seguidores y dirigentes a la vez. No es posible ser un buen líder si antes no se ha jugado un buen rol como seguidor. Es difícil exigir a las personas que dirigimos que hagan lo que como líderes no estamos haciendo. Es posible que en el ambiente laboral se obedezca a un superior con estas características de liderazgo simplemente por sentido de responsabilidad. No queremos arriesgar el trabajo que nos produce el sustento de nuestras familias. Sin embargo, este tipo de liderazgo no se sostiene. Al fin y al cabo, va a colapsar y su impacto no va a trascender.

El concepto de liderazgo, además de ser mal entendido actualmente, las personas que lo entienden no están dispuestas a pagar el precio de ser un verdadero líder. Prefieren ignorar lo que eso conlleva por no hacer el sacrificio. Es bueno que nos llamen líder, pero muchas veces no queremos esforzarnos. Queremos ser líderes para que nos sirvan y no para servir. ¿Estás en la disposición de aceptar el reto de ser un líder?

Tal y como el Profesor Hugo Landorfi, Director de la Escuela de Filosofía Aplicada para la Excelencia del Ser Humano, plantea: "El hecho de ser líder implica el ayudar a otras personas a encontrar el propio norte de sus vidas y a recorrer el camino para conseguirlo". El dice también que: "El liderazgo no tiene nada que ver con conducir ciegamente a las personas en función de la visión del líder, sino en descubrir la visión dentro de cada persona y en ayudarles a recorrer el camino que lleva a ella".

Me identifico plenamente con esta visión. Precisamente, sobre este enfoque es que gira este capítulo. Además, esta es la visión que tuvo Jesús, el más grande de todos los líderes que jamás haya existido. El entendió este concepto, lo vivió y ayudó también a otras personas a convertirse en grandes líderes que causaron un impacto eterno. El verdadero liderazgo no es lo que normalmente vemos a la gente tratando de ejercer hoy en día.

> *No exijas a los demás lo que tú no estás haciendo.*

Vemos tantas personas teniendo que alardear que son los líderes para tratar de que las demás las sigan. No tienen la capacidad de conseguir su propósito sin tener que decirlo. No están haciendo la función de un líder. Hay tantas personas que hoy en día tienen que recordarles a las demás que supervisan que ellas son las jefas. No hacen lo que deben hacer para motivar.

Mencioné estas cosas en mi libro Estrategia y Tácticas para la Excelencia Académica y no me canso de repetirlo. Nunca se me olvidan las expresiones de uno de los mejores supervisores que yo he tenido en cuanto a tacto y diplomacia para tratar con la gente. Este es el señor Kevin Smith cuando era el Agregado Agrícola del Departamento de Agricultura de los Estados Unidos en Santo Domingo. Cuando Kevin quería que yo hiciera una cosa, venía donde mí y me decía una expresión como la siguiente: "Wagner, cuando termines lo que estás haciendo, podrías, por favor, hacerme esto". Y añadía otras palabras para reafirmar que no me estaba dando una orden y que yo tenía que interrumpir lo que estaba haciendo. Agregaba también: "Pero no te preocupes en dedicar demasiado tiempo a eso".

En mi caso, no importaba lo sutil que él lo dijera, yo entendía que él era mi supervisor. El era la cabeza de la oficina y yo tenía que obedecerle. Lo que él me pedía, yo lo entendía como una orden y tenía que cumplirlo. Sin embargo, su tacto, sutileza y amabilidad me motivaban a realizar mis asignaciones con gusto. Lo contrario sucede cuando tenemos personas que nos supervisan y tienen que dar una orden ruda y sin ningún tacto. Su inseguridad les conlleva a pensar que si lo hacen de otra forma, no les vamos a obedecer.

Debemos cultivar siempre un buen liderazgo en el ambiente laboral sin importar la posición que tengamos. Aunque tengas una posición técnica y no estés dirigiendo personas, en algún punto lo harás. Si no lo haces, es porque no estás dando lo mejor de ti en tu posición. Al final, puedes terminar, inclusive, perdiendo la posición que ahora tienes.

No debes esperar hasta ocupar una posición gerencial para comenzar a desarrollar tu liderazgo. Ahora es el momento. ¿Qué esperas? Ahora es que necesitas sentar las bases sólidas para ese liderazgo. Necesitas aprender sobre lo que han hecho verdaderos líderes y comenzar a hacerlo. Si esperas al futuro, posiblemente sea demasiado tarde. El liderazgo que quieres desarrollar se puede ver limitado. Te puedes convertir en un supuesto "líder" más de los muchos que abundan hoy en día enfocándose en que les sirvan y no en servir a los demás.

Mi convicción es que cada persona necesita crear su propia filosofía de liderazgo basada en los mejores principios y enfocada en servir y no en ser servida. Existe mucho material sobre liderazgo que recomiendo consultar. Esto no debe ser necesariamente para hacer lo mismo que muchas personas hacen, sino para aprender de las malas y las buenas experiencias. Para crear tu propia base y tus propias convicciones. Esto no se aplica sólo al área de liderazgo, se aplica también a cualquier aspecto de tu vida profesional.

Debes tener presente que tu límite de liderazgo no debe ser ni siquiera el límite del más grande líder que tu hayas conocido. Puedes llegar más allá de esos líderes. Puedes llegar más allá de lo que han hecho tus profesores, a los cuales tanto admiras. Puedes hacer, inclusive, cosas más grandes que las que hizo Jesús. Sí, no te sorprendas. El mismo lo dice. Sólo necesitas tener la fe y la perseverancia. Tenemos un poder interno que no conocemos. Hay que descubrirlo y te sorprenderás del gran tesoro interno que tienes.

Aunque existen varios estilos de liderazgo, el que verdaderamente va a causar un impacto es el que se enfoca en el sacrificio para servir a los demás en vez de que le sirvan a uno. Yo no consideraría muchos de los estilos de liderazgo ni siquiera como tal. Se describen dentro de liderazgo simplemente porque son métodos utilizados para atraer a otras personas a seguirles. Sin embargo, tarde o temprano los seguidores de estos tipos de "líderes" se van a decepcionar viendo que el supuesto líder no hace lo que llama a los demás a hacer. ¿Quisieras seguir a una persona así? Muchas veces se sigue a ciertos líderes porque se perfila un beneficio inmediato. A largo plazo, se descubre que tal beneficio no existe. Tal liderazgo no se sostiene. Puede pasarse de una generación a otra, pero al final se va a disgregar.

En conclusión, debes desarrollar un estilo de liderazgo basado en el sacrificio y el servicio a los demás. Debes comenzar a desarrollar tu liderazgo desde cualquier posición que estés ocupando ahora en tu empresa. Debes sentar la base para cuando escales a una posición más elevada y de más envergadura. No desaproveches la oportunidad. Comienza poniendo en práctica estos principios desde ahora. Aprende de las experiencias de personas que han estado dirigiendo. Mira cómo han terminado sus vidas. Reflexiona para ver si quieres imitar sus ejemplos. Aunque no seas una persona religiosa, no descartes los ejemplos de los grandes líderes de la Biblia. Considero que son los mejores ejemplos que puedes seguir si quieres ser una persona con un liderazgo auténtico. ¡Vamos, desarrolla ese gran líder que existe dentro de ti! Como dice mi amigo Galo Pozo: "Usted Puede. Hágalo".

REFLEXIONES

1. ¿Hasta este punto, cuál era el concepto de liderazgo que tenías?
2. ¿Qué tan fuerte es tu liderazgo?
3. ¿Qué tanta disposición tienes para el liderazgo desde la perspectiva que aquí se ha planteado?
4. ¿Cuál es el líder que más admiras? ¿Por qué? ¿Estás en disposición de hacer lo mismo que esta persona ha hecho como líder?

Tercera Parte

Tu Futuro Profesional

Capítulo XI

COMPLEMENTOS PROFESIONALES

"Una máquina puede hacer el trabajo de 50 hombres corrientes.
Pero no existe ninguna máquina que pueda hacer
el trabajo de un hombre extraordinario".
- ELBERT HUBBARD

Como profesionales, debemos decidir cuál es nuestro enfoque principal. Necesitamos tener una especialización con la cual seamos reconocidos. También debemos tener alternativas a las cuales podamos recurrir cuando la situación económica global entre en crisis y el mercado laboral se apriete. No podemos descuidar aspectos como estos, mucho menos en países "en vía de desarrollo". Estos detalles van a producir buenos y tangibles resultados en nuestras vidas. Sin embargo, hay otros factores menos visibles que le dan un toque especial a nuestras vidas en sentido general. Estos detalles complementan nuestra vida profesional.

Primeramente, quiero mencionar dos aspectos muy obvios que complementan nuestras profesiones. Luego describiré algunos que posiblemente para otras personas no tengan mucha relevancia. Estos complementos son muy importantes para nuestras profesiones y nuestras vidas.

Hoy en día oímos decir que todo el mundo necesita saber inglés y manejo de computadora. ¿Se imaginan ustedes un profesional veinte o treinta años atrás con estos complementos para su profesión? De seguro que iba a tener una gran demanda. Llevaba una gran ventaja sobre las demás. Bueno, hoy en día todavía eso sigue siendo una ventaja considerable. En muchas ocasiones, estos son profesiones por sí mismos.

Estas cosas y otras similares hoy en día ya no son complementos en sí. Son aspectos casi imprescindibles para poder competir en el mercado laboral. Se necesitan para realizar el trabajo diario en nuestras empresas. No hay forma que yo pueda sobre enfatizar esto. Estoy en el trabajo que estoy hoy en día precisamente por estos complementos. Aunque vivo en la República Dominicana, un país de habla hispana, mi trabajo se desenvuelve en un segundo idioma, el inglés. Si no fuera por este complemento, yo no tuviera el trabajo.

Detalles complementarios le dan brillo a tu profesión y te hacen una persona más competitiva.

Yo considero que únicamente las personas que no se lo proponen no logran prepararse en estas áreas complementarias. Existen centros de entrenamientos suficientes para ello. Además, las empresas ofrecen las facilidades para sus empleados. Cada persona debe hacer un esfuerzo para ir más allá de su entrenamiento formal. Debe buscar estos complementos que afinan y le dan brillo a las profesiones.

Toma esta sugerencia. Complementa tu carrera principal con entrenamientos extras en estas áreas. Adquiere estas destrezas que van a hacer tu vida profesional más competitiva. Hoy en día, la computadora es un instrumento indispensable. Aprende aplicaciones y, si puedes, ve un poco más allá de las simples aplicaciones. Aprende otro idioma si los recursos te lo permiten. El gobierno y otras organizaciones tienen planes para ayudar con estos entrenamientos.

Otros dos aspectos importantes que quiero resaltar son el servicio comunitario y el enfoque en el medio ambiente. Posiblemente, el dedicar tiempo a estos aspectos no produzca un resultado cuantitativo inmediato, o tal vez nunca, pero te dará una satisfacción más allá de lo que te puedes imaginar. Bueno, pero nadie sabe. Tomemos el ejemplo Barack Obama, actual presidente de los Estados Unidos de Norteamérica. En vez de enfocarse en ser un gran abogado como muchos lo hacen luego de graduarse de una universidad prestigiosa, se enfocó en el servicio comunitario en el sur de la ciudad de Chicago. ¿Cuál fue el resultado? Eso le ayudó a conocer las necesidades de las personas. Esto luego contribuyó a que se convirtiera en el flamante primer presidente de raza negra en los Estados Unidos.

El otro caso que podemos considerar es Al Gore, el Exvicepresidente de los Estados Unidos. Luego de terminar su mandato y no ser elegido para presidente, se enfocó en trabajar por el medio ambiente. Eso lo conllevó a ganar un Premio Nóbel. Posiblemente, ni Barack Obama ni Al Gore estaban haciendo estas actividades con esto que lograron en sus mentes. Contribuciones desinteresadas producen resultados más allá de nuestras expectativas.

No porque me quiera comparar con estas personalidades, pero les puedo poner el caso de mi libro Estrategias y Tácticas para la Excelencia Académica. Mi deseo original, aparte de la búsqueda de la satisfacción personal que se recibe cuando nos proponemos metas como éstas y las alcanzamos, fue simplemente hacer una contribución al sistema educativo en la República Dominicana. La satisfacción que he recibido a través de los buenos comentarios ha sobrepasado mis expectativas. Esto es una gran retribución.

Me llegan a la mente algunos otros ejemplos de personas que han hecho una combinación interesante: El Dr. Jaime David

Fernández Mirabal y la Dra. Doménica Abramo. Ambos hacen una combinación interesante de servicio comunitario y enfoque en el medio ambiente, además de sus carreras principales. Por un lado, Jaime David, aunque originalmente se graduó de técnico agrícola, se enfocó en el área de la medicina. Sin embargo, siempre tuvo un enfoque en servicio comunitario, ayudando a través de la Oficina para el Desarrollo Provincial de Salcedo y un interés particular por la conservación y el manejo de los recursos naturales. Todo esto le ha producido su satisfacción personal. Ahora podemos verlo como Secretario de Estado de Medio Ambiente y Recursos Naturales. ¿Se lo propuso originalmente? Posiblemente no. Es posible que su enfoque estuviera en ser Presidente de la República Dominicana primero. Por otro lado, Doménica Abramo obtuvo un doctorado en química. Para hacer un doctorado en una área como esa, le tenía que gustar bastante. Sin embargo, aparte de la química, su enfoque principal era trabajar con grupos ecológicos y apoyo a las comunidades. No era simplemente proteger los recursos, sino ayudar a las personas que conviven con esos recursos también. Además de hacer el trabajo directamente, se enfocaba en motivar a todo el que estuviera a su alrededor para hacer lo mismo. Yo no fui la excepción. Pude participar activamente en el Grupo Ambiente de la PUCMM cuando era estudiante y, luego de graduarme, en la Sociedad Ecológica del Cibao. Poder ser amigo y recibir influencia de este tipo de personas ha sido para mí una gran bendición.

 Es posible que para muchos estas cosas no tengan sentido. Pero estoy seguro que otros lo van a valorar y lo van a hacer parte integral de sus vidas. Tomen estos aspectos que resalto como simples ejemplos de cómo se puede complementar la profesión principal. Hay muchos otros aspectos que se pueden añadir. Cada cual debe decidir cuáles y desarrollar un plan para buscar el mejor complemento para su vida profesional. Estas pueden ser cosas a las que uno se dedique luego de su retiro.

No quiero dejar de mencionar la gran satisfacción que recibí un día cuando me encontré con el Ing. Domingo Marte, con el cual trabajé una vez. Para los que no lo conocen, Domingo Marte dedicó gran parte de su vida a trabajar para el sector agropecuario dominicano, incluyendo ser el Secretario de Agricultura. Además de intercambiar ejemplares de nuestros libros, me contó que hizo un curso de cinematografía y ahora, a la edad de alrededor de 70 años está produciendo videos. ¡Qué satisfacción! Tú puedes hacer lo mismo.

A veces estamos en un trabajo y queremos separar el servicio comunitario de lo que hacemos en nuestros empleos. Algunas empresas también exigen que haya una separación y desmotivan a uno. Sin embargo, me llena de satisfacción el enfoque del Departamento de Agricultura de los Estados Unidos de motivar a sus empleados a tener ese enfoque y lo premian. Mi supervisora conoció en Nigeria el proyecto de ayuda de HOPE *worldwide*, el cual fue establecido por las Iglesias Internacionales de Cristo, de la cual yo soy miembro. Ella supo que, como voluntario, yo estaba dirigiendo ese programa en la República Dominicana. Hubo una solicitud de la oficina en Washington para reconocer el servicio comunitario de sus empleados. Ella me solicitó que hiciera una descripción de lo que yo hacía con HOPE para someterlo a consideración. Eso realmente me animó. Fue una inspiración para continuar enfocándome en el servicio comunitario como complemento a lo que hago.

Siempre habrá personas a nuestro alrededor que necesiten ayuda. El poder ayudar a otros, tanto en el trabajo como en nuestra vida diaria, es un gran complemento a nuestras profesiones. No debe se nos debe exigir; debe ser un asunto voluntario. Hay que reconocer, como dijo el mismo Jesús, que hay más dicha en dar que en recibir. En el ambiente laboral, muchas personas se enfocan única y exclusivamente en cumplir con sus responsabilidades. Piensan que no pueden ayudar a otros. Sienten que si lo hacen, el tiempo no va a ser suficiente.

No desaproveches la oportunidad de ayudar que se te brinde. Esto sensibiliza bastante tu corazón. Tarde o temprano tendrás una recompensa por esto.

Debemos ayudar con lo que tengamos. Si te fijas bien, hay muchas otras personas más necesitadas que tú a tu alrededor. También hay personas que profesionalmente necesitan de tu ayuda. Piensa bien cómo y con qué puedes ayudar y hazlo. A veces no nos imaginamos el gran impacto que nuestras acciones desinteresadas a favor de otros pueden tener. Cultivemos y abonemos el deseo de servir a los demás. La satisfacción que se recibe es grande. Nunca vamos a llegar al extremo de exagerar en este aspecto. Nunca sobrepasaremos a nuestro máximo ejemplo de servicio y sacrificio que fue Jesús. Complementemos nuestras carreras. Démosle brillo con esto.

REFLEXIONES

1. ¿Qué complementa tu carrera hoy en día?, ¿Qué le da brillo para que hagas una diferencia?

2. ¿Cuál es tu actitud hacia el medio ambiente y las personas que te rodean?

3. ¿Te reconoce la gente como una persona servicial?

Capítulo XII

Enfoque estratégico y gerencial

"Los hombres y pueblos en decadencia viven acordándose de dónde vienen; los hombres geniales y pueblos fuertes sólo necesitan saber a dónde van".
-JOSÉ INGENIEROS

Con frecuencia, muchos profesionales sufren de miopía y se enfocan sólo en el presente. No miran hacia el futuro. Se enfocan en lo que tienen que realizar en el momento. No planifican a largo plazo.

Hay que tener una visión estratégica. Hay que mirar más allá del horizonte. Se debe saber cuál es la tendencia del futuro. Eso permite tomar decisiones en el presente sin enfocarnos en el resultado inmediato, sino en el largo plazo. Estas decisiones, aunque representan un sacrificio en el presente, nos aligeran la carga en el futuro.

A veces ingresamos a un nuevo trabajo sin una definición clara de lo que se quiere. Simplemente se piensa en resolver las necesidades económicas inmediatas. A veces tampoco se tiene la orientación adecuada para tomar las mejores decisiones. Las empresas deben también jugar su papel protagónico en el proceso de orientación a sus nuevos empleados.

Recuerdo una vez que estaba sin trabajo y tenía que conseguir uno cualquiera para poder sostenerme económicamente. Fue cuando tuve la oportunidad de trabajar con el Ing. Domingo Marte, tal y como mencioné anteriormente. El consiguió mis referencias a través del Dr. Luis Ernesto Pérez Cuevas. Me pidió mi resumé y para mí fue de gran regocijo llevarlo. La posición para la cual me iban a considerar era la de Director Ejecutivo de una nueva organización.

No fui seleccionado en ese momento. Sin embargo, como alrededor de uno o dos meses más tarde, me llamaron de nuevo para ofrecerme la posición. Se me hizo la promesa de que me iba a convertir en el flamante Director Ejecutivo, comparándome con un Eduardo Latorre. En ese momento, Eduardo era el Director Ejecutivo de la Fundación Dominicana de Desarrollo (FDD). Luego fue Secretario de Relaciones Exteriores.

Cuando comiences un trabajo, cerciórate de recibir una descripción de tus funciones.

Aunque el sueldo no era muy atractivo, acepté la posición. Pero no me cercioré de que me dijeran cuáles iban a ser mis funciones. Obviamente que yo debía saber más o menos cuál era el rol de un Director Ejecutivo. Al final, salí de la organización en poco tiempo.

Cuando originalmente comencé a escribir sobre esta experiencia, mi actitud era de culpar la organización y a mi amigo Domingo Marte. Culpar a otros es lo que normalmente hacemos. No tomamos responsabilidad por nuestros hechos. Luego reflexioné y pensé que yo debía asumir la responsabilidad y ver el lado positivo de esta experiencia. Yo había sido contratado para ocupar la posición de Director Ejecutivo y se había depositado mucha confianza en mí. Estoy seguro que las referencias que Domingo recibió de Luis Ernesto fueron muy buenas. Sin embargo, yo no estaba jugando ese rol de Director Ejecutivo. No tenía el enfoque estratégico y gerencial. Estaba siendo miope. Me enfocaba en las actividades del momento y no en un plan de largo plazo. Estaba dejando toda la carga a Domingo Marte. Su celo por el éxito de la nueva organización era grande. Yo no estaba siendo la ayuda idónea que él esperaba que fuera.

Una de las primeras cosas que debes hacer cuando entras a una organización es cerciorarte de que recibes, por escrito, una descripción de tus funciones. Además, debes cerciorarte de que se te permite hacer lo que dicen tales descripciones. A veces las descripciones de puesto existen simplemente en teoría. Sin embargo, la responsabilidad de su implementación es tuya también. No es sólo de tu supervisora o supervisor. Tú debes ser una ayuda adecuada.

Es bueno tener una idea bien definida de nuestros objetivos profesionales cuando comenzamos un nuevo trabajo. Luego estos se van refinando a medida que se va ganando experiencia. A veces se entra a una empresa con una visión miope y con el simple objetivo de generar ingresos. Luego vemos a otras personas ser promovidas y sentimos recelo. Creemos que hay alguna discriminación. No nos damos cuenta de que nosotros mismos limitamos nuestro crecimiento por la falta de visión.

Ten tus objetivos profesionales bien definidos.

A veces nos encontramos con situaciones laborales en las cuales las posiciones tienen un límite. La persona que la ocupa no puede ser promovida más allá de las descripciones de la posición. Es mi caso particular como Especialista en Mercadeo para el Departamento de Agricultura de los Estados Unidos. ¿Qué hacemos en esos casos? ¿Nos limitamos? No. Hay muchas cosas que se pueden hacer. Por un tiempo, estaba luchando porque la posición pudiera ser reclasificada. Luego me di cuenta que mi satisfacción personal no podía estar en manos de otra persona o de un sistema. Aunque continúo haciendo mi trabajo en dicha posición, he desarrollado estos proyectos de escribir libros de motivación y seminarios sobre "emprendedurismo"[3] y la satisfacción ha sido inmensa. Cada uno de nosotros tiene un gran potencial en sus manos y no debe limitarlo. Hay que usarlo y, aparte de lo que Dios decida con cada uno, debemos forjar nuestro propio futuro.

Una vez participé en una conferencia en una feria de alimentos y bebidas en los Estados Unidos dictada por Harvey J. Colman, presidente de Colman Management Consultants, Inc. Este señor había pasado por una situación similar. El mencionó que llegó a escalar ciertas posiciones en la IBM. Sin embargo, llegó un punto en el cual veía empleados más jóvenes ser promovidos primero que él. El pensaba que lo estaban discriminando. Luego reflexionó y se dio cuenta de que el problema estaba en él mismo. Se había vuelto conformista. Se había acomodado con hacer lo que había estado acostumbrado a hacer y había perdido su visión. Más tarde decidió emprender sus propios negocios y relanzar su vida profesional. Hoy en día, él utiliza su experiencia para inspirar a otros. Me inspiró a mí. Espero que la cadena continúe. De esa conferencia fue mi inspiración para establecer Wagner Management Group, C. por A.

No debemos perder nuestra visión estratégica en nuestras empresas ni en nuestras vidas. Cuando situaciones de esta naturaleza pasan, lo primero que nos enfocamos es en buscar a quien culpar. No buscamos en nuestro interior para ver qué podemos hacer. Peor aun es cuando alguien nos enfrenta y nos

---

[3] *Escribo emprendedurismo entre comillas porque, aunque escucho esa palabra, no estoy seguro si es la mejor traducción para entrepreneurship. Las traducciones de términos relacionados con esto me resultan pesadas.*

dice que la culpa es nuestra. Nos defendemos como gatos boca arriba. Queremos justificar que hemos hecho todo lo posible por crecer en la organización. No te engañes, siempre hay cambios que podemos hacer para crecer dentro de la organización. Toma la responsabilidad.

No seas miope; ten un pensamiento estratégico. La meta no es simplemente lograr un empleo. Este es sólo el comienzo de tu vida profesional. Por lo tanto, debes preparar una buena zapata desde tu primer trabajo. Es como la construcción de un buen edificio. Prepara bien la zapata para que cuando quieras construirle más niveles, no tengas que comenzar de nuevo, sino seguir construyendo encima. Mira hacia el futuro y establece buenas metas a largo plazo, tanto para ti como para tu empresa. Prepárate también para los cambios. La vida no es estática.

> *Para de culpar a otros. Busca primero en tu interior y toma la responsabilidad.*

REFLEXIONES

1. Algunas personas tienen problemas pensando y estableciendo metas más allá de cierto horizonte, ¿qué tan difícil es para ti pensar y establecer metas a largo plazo?

2. ¿Qué tan corta o larga es tu visión cuando se trata de mirar al futuro? Muchas personas pueden mirar inclusive hasta más allá de la muerte y este horizonte guía la forma que viven en esta vida.

3. ¿Tienes un plan que va más allá de conseguir un empleo y generar ingresos o simplemente te conformas con esta meta?

Capítulo XIII

Apertura económica y globalización

*"Llegará un momento en que creas que todo ha terminado.
Ese será el principio".*
- LOUIS L'AMOUR

La apertura económica y la globalización traen consigo muchas oportunidades para los profesionales. Se espera que se aumente su demanda. También se aumentan los retos y las amenazas para los profesionales locales. Las exigencias de las empresas serán mayores para prepararse y competir con extranjeras, no sólo con otras locales. Ya las empresas no pueden pensar que están compitiendo con otras de las cuales conocen sus estrategias. Estarán compitiendo con empresas extranjeras con una gran capacidad competitiva y grandes recursos. Para eso también aumentará la demanda de

> *La apertura económica y la globalización aumentan la demanda de las calificaciones de los profesionales.*

las calificaciones de los profesionales que contraten para diseñar sus estrategias y para la parte operativa.

En ese sentido, con una apertura económica y un mundo globalizado, los profesionales no sólo van a competir con sus compañeros de clases para ver a cuál contratan primero. Se compite con profesionales extranjeros con una gran preparación académica, experiencia y reputación. Las empresas estarán dispuestas a invertir en profesionales altamente capacitados con altas exigencias sin importar su procedencia. Los profesionales necesitan mantenerse al tanto de esta tendencia y las exigencias del sector empresarial.

Siempre había estado pensando en que las universidades y el sector empresarial debían hacer un esfuerzo conjunto para hacer un estudio de las necesidades del sector empresarial. Las universidades, por su lado, debían hacer el esfuerzo por entrenar un personal con esos requisitos para satisfacer esa demanda. En una reunión que sostuve recientemente en la Secretaría de Educación Superior Ciencia y Tecnología me entregaron un ejemplar de ese estudio realizado. Dicha Secretaría no dejó esto en manos de las universidades y el sector empresarial. Como rectora de la educación superior en la República Dominicana, tomaron la iniciativa. Mi expectativa es que ese estudio sirva de referencia tanto para las universidades como para el estudiantado. Les servirá de base para ver cuáles son las prioridades del sector empresarial.

Los profesionales necesitan hacer un esfuerzo extra. Necesitan no ser conformistas enfocándose sólo en realizar su trabajo. De lo contrario, se van a quedar obsoletos con lo que ya conocen. Necesitan investigar por cuenta propia sobre las nuevas tendencias, las exigencias del mundo empresarial y la competencia que pueden enfrentar. Necesitan prepararse para el reto. Es fuerte y hay que enfrentarlo si se quiere tener éxito.

Aunque como profesional ya haya salido del ambiente académico, no te quedes estancado con lo que una vez aprendiste.

Posiblemente tú empresa te siga entrenando en aspectos específicos para fortalecer el desempeño de tus funciones. Por tu parte, no debes conformarte con lo que la empresa quiere. La empresa es la empresa y tú eres tú. No quiero decir que no debas fortalecerte en las áreas que necesitas para contribuir con tu empresa. Lo que quiero decir es que no debes limitarte a eso. Debes ir más allá. Debes ver cuáles son tus necesidades personales.

Recuerdo un consejo de otro amigo cuando estaba haciendo mi maestría en los Estados Unidos. ¡Wow, cuántos amigos me daban consejos! En ese tiempo coincidí con el Dr. Domingo Carrasco cuando él estaba haciendo su doctorado. Le comenté sobre mi enfoque en tomar materias pensando en las necesidades de la universidad, el ISA, para la cual trabajábamos y nos había apoyado para continuar estudiando. Domingo me dijo que entendía mi enfoque, pero que también debía pensar en mí como persona. Que yo no sabía si en el futuro iba a estar trabajando en Africa o en cualquier otro lugar. El tenía toda la razón. Regresé a la República Dominicana y trabajé para el ISA por un tiempo. Sin embargo, ya llevo más de diez años trabajando no para la República Dominicana, sino para el gobierno de los Estados Unidos.

> *No descuides pequeños detalles. Ellos pueden convertirse en el enfoque principal de tu carrera.*

Debes ver cuáles son las necesidades de tu empresa actual, pero también debes ver tus necesidades personales. No te limites a lo que estás haciendo ahora. Piensa en las exigencias del mercado. La competencia por buenos profesionales es fuerte y se aumenta más con la apertura económica y la globalización. A veces no conseguimos el trabajo que buscamos a nuestro nivel. Pero otras veces es lo contrario; se busca un buen profesional para ocupar cierta posición de envergadura y se dificulta encontrarlo.

Como profesional ya has recibido una educación formal que te dio la base para lo que haces actualmente. También existen muchos otros entrenamientos de educación continuada que agregarán algunos detalles a tu profesión. A veces, esos detalles que pensamos que son simples pueden convertirse en lo principal en nuestras carreras.

Un ejemplo que puedo compartir es el de mi esposa. Siendo Ingeniera en Informática, mi esposa decidió hacer un curso de formación metodológica en el INFOTEP. ¿Saben qué? Aun siendo Ingeniera en Informática, si no hubiese sido por ese entrenamiento, ella no hubiese ingresado como instructora al INFOTEP, en donde lleva laborando más de diez años. ¿Qué les parece?

Otro caso que les puedo compartir fue el entrenamiento adicional que recibí en el Centro para Visitantes Internacionales de Cincinnati en el estado de Ohio sobre establecimiento y gerencia de pequeñas y medianas empresas al final del año 1991. El contenido de ese entrenamiento fue "emprendedurismo". Es lo que ahora la República Dominicana está tratando de impulsar. Este entrenamiento le dio un toque especial a mi formación profesional. Cuando regreso al país a final del año 1992, en cualquier curso que enseñaba le agregaba el toque especial para motivar a los estudiantes a ser emprendedores y no conformarse con salir al mercado laboral a ser simples empleados. Basado en ese entrenamiento, también tuve el honor de enseñar la asignatura de Administración de Pequeños

> *Mantente actualizada a través de entrenamiento de educación continuada. No te conviertas en obsoleta.*

Negocios en el Recinto Santo Tomás de Aquino de la PUCMM en Santo Domingo. Además, desde ese tiempo, hace ya casi veinte años, el fuego emprendedor ha ido creciendo en mi corazón. He escrito el libro titulado Emprendedores: Principios para el Éxito en Países en Vía de Desarrollo, he diseñado el seminario Empoderamiento para el Éxito Emprendedor y un diplomado similar. Todo eso ha surgido de un entrenamiento adicional.

Aunque como profesional ya hayas salido del ambiente académico, existen muchos entrenamientos de educación continuada con los cuales puedes mantenerte actualizada. Es tu responsabilidad hacer un esfuerzo extra fuera de tu horario de trabajo. Además, existen muchos recursos en el Internet que puedes aprovechar. Todo aquel que haga esto estará en mejor posición para competir tanto con sus compañeros como con los extranjeros que estén abriéndose campo en el país por la alta demanda de las empresas.

¿Qué vas a hacer? ¿Qué tanto conoces sobre los efectos de la apertura económica y la globalización sobre tu carrera? No necesariamente tienes que ser un profesional en el área de economía o comercio internacional para enfocarte en aprender sobre esto. La apertura económica y la globalización son aspectos que conciernen a cada profesional si quiere mantenerse a la vanguardia.

Tomemos el ejemplo de los Ingenieros Industriales. Uno de los aspectos con los que tratan estos profesionales es la calidad de los productos. Con la apertura, el país se verá bombardeado por productos con estándares de calidad mayores que los producidos a nivel local. Las empresas estarán auxiliándose de profesionales que les ayuden a mejorar sus niveles de calidad. Para eso, este profesional necesita conocer de los estándares internacionales. No puede simplemente limitarse a ver qué están haciendo las empresas locales. Se necesita un sacrificio extra. ¿Estás dispuesto a hacerlo o te quedarás viviendo en el pasado?

¿Continuarás cuestionándote por qué no tienes el trabajo de tus sueños o por qué no te promueven a la posición que anhelas? ¿Conoces a personas que actualmente estén pasando por esta situación?

No te conviertas en un profesional obsoleto. Prepárate para el reto que trae la apertura económica y la globalización. Prepárate para ser un profesional que ofrece soluciones al mundo empresarial. No seas una de esas personas que la empresa le hace un favor cuando la emplea. Prepárate para que las empresas se interesen por tus servicios profesionales. Mantente al tanto de las nuevas tendencias. No te conformes tampoco con estas simples ideas que estoy planteando aquí. Comienza a reflexionar sobre esto y toma acción para crear tu propia filosofía y convicciones. ¿Tomas el reto?

Hablemos también un poco sobre la tecnología. La globalización, apertura económica y la tecnología son cosas que van de la mano hoy en día. Muchas personas acostumbran a quejarse de la tecnología y su efecto en el desplazamiento de las personas en los procesos productivos. Sin embargo, la tecnología es diseñada por el hombre. Es el hombre quien la maneja. Se quejan de ella aquellas personas que se quedan rezagadas haciendo siempre el mismo trabajo no calificado y que son desplazadas por la tecnificación.

Ve de la mano con la tecnología, pero sin dejarte abrumar por ella.

Por ejemplo, se quejaban los obreros que trabajan hoyando zanjas cuando en vez de darles empleo para hacer los túneles se utilizaron equipos sofisticados. Pero no se quejaban los operadores de esas máquinas. Al contrario, estuvieron agradecidos por el incremento en la cantidad de trabajo que tenían.

No te quedes rezagado. Debes ir de la mano de la tecnología. No te quedes obsoleto. Cerciórate que tu conocimiento tecnológico sea a un nivel tal que puedas contribuir con las altas exigencias del mundo laboral. Pero también debes tener cuidado. A veces la tecnología puede volvernos locos si le "caemos atrás". Los avances tecnológicos hoy en día son tan grandes que nos abruman cuando queremos estar al último grito de la moda.

Un aspecto reciente, el cual no quiero dejar de mencionar, es la crisis financiera global. Esto está muy relacionado también con la apertura económica y la globalización. Por la globalización, nuestros países en vía de desarrollo no escapan a las situaciones que se han originado en países desarrollados como los Estados Unidos. Como profesional, debes mantenerte al tanto de la evolución de estos acontecimientos. Debes conocer sobre las medidas que se están implementando, sus efectos y su impacto.

Ningún acontecimiento relacionado con esto debe sorprenderte. La sorpresa más grande que puedes llevarte por no mantenerte al tanto de estos acontecimientos es quedarte sin el sustento de tu familia por haber sido despedido de tu empleo. No te dabas cuenta que tu misma empresa estaba pasando por situaciones financieras críticas. Posiblemente te estabas enfocando sólo en los aspectos técnicos del trabajo que tenías que realizar. Tal vez no aportabas soluciones para la empresa en el momento en que pasaba por una situación financiera crítica.

Además de los efectos microeconómicos de la crisis financiera global, hay también efectos macroeconómicos. Esos efectos pueden afectarte directa o indirectamente. Debes ser un profesional que te mantienes al tanto de cualquier acontecimiento. Como dice el refrán, camarón que se duerme…. Prepárate para los retos de esta crisis financiera global. No te duermas. Sé parte de la solución. Mantente enterado de los acontecimientos y contribuye con las herramientas que cuentes como profesional.

REFLEXIONES

1. ¿Qué tanto conoces sobre los movimientos modernos de apertura económica y la globalización del mundo?

2. ¿Estás al tanto de los detalles de los tratados de libre comercio existentes y los que están por venir?

3. ¿Conoces las implicaciones de la apertura económica en la economía y en ti como persona?

4. ¿Cuáles son las exigencias de estos tiempos para los nuevos profesionales?

Capítulo XIV

INCUBANDO UNA VISIÓN EMPRENDEDORA DESDE TU NIDO LABORAL

"Muéstrame un obrero con grandes sueños y en él encontrarás un hombre que puede cambiar la historia. Muéstrame un hombre sin sueños, y en él hallarás a un simple obrero".
- JAMES CASH PENNY (J.C. PENNY)

La mayor parte del material de este capítulo se basa en un artículo publicado en el periódico *Listín Diario*. El mismo formaba parte de una serie de artículos sobre emprendimiento para motivar a las personas a ser emprendedoras y no sólo a prepararse para ser empleadas. Por lo tanto,

No limites tu potencial emprendedor.

también he considerado de interés incluir el material en este libro. Espero también, por su importancia, adaptarlo e incluirlo en un próximo libro titulado "Empoderamiento para el Éxito Emprendedor".

Considero que el aspecto emprendedor es tan importante que quiero resaltarlo en todos los ambientes. Lo resalto en las universidades cuando enseño, lo resalté en el libro para estudiantes, lo resalto en este libro para profesionales y lo resalto en cualquier ambiente en el que me encuentre. Debemos desarrollar ese potencial que llevamos dentro para nuestro beneficio personal y no sólo para beneficiar a las empresas para las cuales laboramos.

No creo que tu deseo sea ser un empleado la vida entera. Puede ser que tengas el trabajo de tus sueños y que no esté en tus planes desarrollar un proyecto empresarial por cuenta propia. Sin embargo, no creo que ese sea el caso de la mayoría.

Conozco el caso de un amigo que luego de ocupar una posición de envergadura en el gobierno, fue contratado por una empresa privada para ser su máximo ejecutivo. Luego otras personas le ofrecieron trabajar con ellas en otra empresa donde le iban a dar participación en las acciones de la misma. Me cuenta mi amigo que él rechazó esa oferta. ¿Por qué? En este trabajo tiene el sueldo que él quiera. Obviamente, bajo ciertos parámetros. Tiene helicóptero a su disposición, sus hijos e hijas son profesionales y con buenas posiciones. ¿Qué más quisieras? ¿Complicarte la vida desarrollando un nuevo proyecto empresarial? Claro que no. En casos como ese, yo no recomiendo que nos compliquemos la vida. Es mejor disfrutar de la estabilidad que se tiene y utilizar el tiempo extra para jugar algunos partidos de golf. No es que sea egoísta, pero debido a eso, puedo tener a este amigo como compañero cuando yo saco el tiempo para jugar mi partidito también.

El temor a fracasar no debe frenar tu potencial emprendedor.

Pero este no es el caso de la mayoría. Muchos profesionales son empleados y anhelan desarrollar un proyecto empresarial. Sin embargo, no cuentan con el empuje inicial para hacerlo. Posiblemente no tengan los conocimientos o consideren que es muy complicado.

En sentido general, sentimos gran admiración por los grandes empresarios que están en los medios patrocinando actividades. Quisiéramos ser como ellos. Sin embargo, esto no se logra de la noche a la mañana. Se necesita comenzar pequeño y conjugar todas las aptitudes empresariales para embarcarse en una aventura de negocios. Se necesita tomar riesgos, pero lo mejor es cuando se toman riesgos educados. Mientras más herramientas se toman en consideración cuando nos estamos arriesgando, menor es la posibilidad de fracasar.

El temor a fracasar no debe frenarnos. Los grandes empresarios tienen por detrás su historia de fracasos en muchos proyectos. Han podido levantarse y ser exitosos en unos que les han ayudado a recuperar las pérdidas generadas por otros. De la misma forma, la mayoría de los nuevos productos desarrollados por empresas comerciales no logran llenar las expectativas financieras. Por eso las empresas no se van a la quiebra. Pueden desarrollar otros productos cuyos beneficios sean tan buenos que compensen las inversiones hechas en los otros.

¿Qué sucede hoy en día? Muchos profesionales no tienen una visión emprendedora. Son empleados y se adaptan a la comodidad de serlo. Son entrenados en las universidades para salir a buscar un trabajo, no necesariamente para ser emprendedores, y quieren continuar con esa misma mentalidad.

Si analizamos la realidad dominicana, muchos de los empresarios, a los cuales queremos imitar, han decidido dejar a un lado la comodidad de estar generando un sueldo como empleados y han tomado el riesgo para embarcarse en una aventura empresarial. Una realidad que se da, y así se considera en los diferentes "tests" de aptitud emprendedora, es que una limitante para emprender nuevos negocios es haber sido un estudiante sobresaliente. ¿Qué quiero decir con esto? ¿Que

Decídete a quitarte el saco y la corbata para lanzarte a tu proyecto emprendedor.

los estudiantes sobresalientes no tienen probabilidades de éxito emprendedor y van a fracasar en su propósito si lo intentan? No. Lo que la realidad ha demostrado es que los estudiantes sobresalientes normalmente quieren continuar involucrados en asuntos académicos. Si deciden involucrarse en algún proyecto empresarial, el primer enfoque es dar asesoría basado en lo que aprendieron en la universidad. ¿Y por qué? Porque esto resulta más fácil que involucrarse en actividades desconocidas. Es también porque se tiene la facilidad para aprender cualquier cosa que esté escrita en los libros y que se haga siguiendo instrucciones predeterminadas.

Muchas veces los profesionales que se involucran en proyectos empresariales han sido estudiantes medios, pero con un gran deseo de superación y de tomar riesgos. Están decididos a quitarse el saco y la corbata para lanzarse a los negocios. No les importa su apariencia exterior, sino el corazón emprendedor.

Les puedo contar sobre mi caso particular para inspirarles a desarrollar sus propios proyectos emprendedores. Como estudiante fui sobresaliente. Además, en el año 1999, comencé un trabajo muy atractivo. Con estas condiciones, las probabilidades eran para que no me enfocara en más nada. Eran para que me mantuviera en mi trabajo y también estuviera enseñando algunas asignaturas en la universidad, tal y como lo hacía antes y lo disfrutaba.

> *No te conformes con algo pequeño. Ten metas ambiciosas.*

Pero, ¿qué pasó? No me conformé. Yo podía conformarme con un trabajo para el gobierno de los Estados Unidos, en el cual, según me comentaron una vez, uno no se hace rico, pero tampoco va a vivir pobre. Mis expectativas eran más altas. Desde que era estudiante, me llamaban la atención los proyectos empresariales, pero encontraba que el proceso era muy complicado. Además, no tenía la orientación ni la base económica. No existían en el país proyectos de apoyo a ideas emprendedoras. Mi fuego se me encendió más luego de estar en los Estados Unidos haciendo mi maestría y participar en el entrenamiento sobre establecimiento y gerencia de pequeñas y medianas empresas.

Con todo ese fuego, a mi regreso al país, me involucro en un proyecto empresarial de producción agrícola con otro amigo. Sin embargo, esto no implicaba la constitución formal de una empresa. Mi amigo se iba a enfocar sólo en la producción por su parte y yo me iba a encargar de la comercialización. Pero tuve que salir del país y el proyecto empresarial colapsó. No puedo culpar a mi socio. Yo no hice mi parte. Obviamente que mi decisión fue la mejor aunque eso haya representado un sacrificio económico. Fue cuando me hice cristiano y luego pude regresar a mi propio país como misionero. Este fue un sueño hecho realidad. Bueno, déjenme no desviarme. Cualquier información adicional al respecto, pueden contactarme y con mucho gusto les dedicaré todo el tiempo.

En el año 2003, luego de hacer todas las investigaciones de lugar y conocer el procedimiento, establezco formalmente a Wagner Management Group, C. por A. ¡Qué felicidad en ese momento! Un sueño hecho realidad. Wagner Méndez tiene su empresa constituida. ¿Y ahora qué? Debido a su constitución formal bajo las leyes dominicanas ya tenía el compromiso de estar haciendo reportes de impuestos aunque no tuviera que hacer ningún pago, ya que estaba sin operaciones. En el año 2007 comienzo a realizar actividades a través de la misma, ofreciendo dos seminarios para emprendedores. Luego en el año 2008 con la publicación de mi libro Estrategias y Tácticas para la Excelencia Académica, ya la empresa comienza a tener operaciones constantes como

> *Comienza a incubar tu visión emprendedora desde tu posición de empleado.*

distribuidora del libro. Ahora, aunque sigo siendo empleado a tiempo completo, mi sueño empresarial se ha hecho realidad.

Como ustedes pueden ver, el test de coeficiente emprendedor no se equivocó conmigo. Aunque emprendí un proyecto, mi orientación fue hacia lo académico. Ese ha sido mi lado fuerte y quiero explotarlo al máximo. Pero también pueden ver que no me he conformado con poco. En vez de estar enseñando las asignaturas comunes y corrientes en las universidades, mi enfoque es en ir a un nivel más alto. No tengo un compromiso fijo con las universidades, pero me mantengo unido al sector a través de mis libros y los seminarios que he diseñado para ejecutarlos por cuenta propia.

Tal y como lo he hecho, tú puedes hacer lo mismo. No te conformes con ser un simple empleado. Comienza a incubar tu visión emprendedora desde tu nido profesional. No importa cuál sea el enfoque de tu proyecto emprendedor, hazlo. Determina cuáles son tus fortalezas y trabaja en torno a ellas. Puedes también participar en uno de mis seminarios y motivarte. Otras personas lo han hecho y han comenzado sus propios proyectos. Puedes también motivarte leyendo mi libro titulado *Emprendedores: Principios para el Éxito en Países en Vía de Desarrollo*.

Una vez me quejaba de que otros tenían un entrenamiento técnico y podían diseñar algún producto para venderlo, pero yo no contaba con alguno a pesar de tener un entrenamiento gerencial. Hoy en día, ya no puedo quejarme. Tengo buenos libros para vender y seminarios que ofrecer. Son productos que me llenan de gran satisfacción al poder ayudar a otras personas a superarse. También me satisfacen los buenos comentarios que recibo de quienes leen los libros o participan en mis seminarios. Tú puedes hacer lo mismo.

De nuevo te digo, incuba tu sueño emprendedor desde tu nido profesional. No esperes a que tu situación económica se ponga crítica para comenzar a pensar en alternativas de negocios para sostenerte. Comienza ahora que tienes tu sustento resuelto. Esto te da tranquilidad para generar mejores ideas.

En el caso de que estés pasando por la situación de precariedad económica que describo, con más fe debes dar tu corazón para desarrollar un negocio. Me imagino que te has dado cuenta que se corre un riesgo siendo empleado única y exclusivamente sin ningún otro enfoque. No te detengas. Hazlo.

REFLEXIONES

1. ¿Cuál es tu expectativa, ser un empleado todo el tiempo o embarcarte en un proyecto empresarial?
2. ¿Cuáles son tus características personales que consideras que te pueden ayudar?
3. ¿Has pensado en algún proyecto en especial?
4. ¿Qué esperas?

Capítulo XV

El firmamento es tu límite

"Los que siembran con lágrimas, cosecharán con gritos de alegría. Aunque lloren mientras lleven el saco de semillas, volverán cantando de alegría con manojos de trigo entre los brazos".
-DAVID, REY DE ISRAEL (Salmos 126:5)

El firmamento es tu límite. No te conformes con menos. Sólo los hombres y mujeres de poca visión pueden hacerlo. Ni siquiera debemos conformarnos con lograr lo máximo en esta vida. Debemos trascender e ir más allá. Otros lo han hecho, ¿por qué no tú? ¿Qué tan grande es tu visión? ¿Cuál es tu meta profesional? ¿Cuál es tu meta en la vida?

No debemos permitir que obstáculos, tales como la falta de recursos, personas que nos desanimen, ni prejuicios del pasado, nos limiten. Nada debe matar nuestros sueños profesionales y nuestras metas en la vida. El poder está en cada uno de nosotros. No debemos dejar que las circunstancias a nuestro alrededor nos limiten. A veces pensamos que ciertas precariedades y limitantes pueden definir

> *No dejes que las circunstancias a tu alrededor te limiten.*

nuestro futuro. No lo permitas. Tú tienes el potencial para lograr grandes metas. Todo dependerá de ti y, obviamente, de Dios.

Pero, ¿crees que Dios quiere limitarte? Jamás. Como he mencionado anteriormente, sólo tú puedes limitar el poder de Dios en tu vida. He definido a Dios, además de todos sus atributos, como el perfecto optimizador. El siempre va a hacer lo máximo contigo. Todo depende de si tú lo permites o no. El pudiera hacer ciertas cosas aunque tú no lo permitas, pero lamentablemente, el nos da el poder de escoger y decidir. El quiere que pasemos por situaciones para que creemos nuestras propias convicciones.

Después de tú haber leído este libro y todos los planteamientos que he hecho para inspirarte a buscar la excelencia profesional, no creo que simplemente vas a considerar éste como un buen libro de inspiración. Espero que actúes. Es posible que hayas disfrutado la lectura del mismo por la forma que lo he escrito. Creo que no es difícil de leer y de entender. Sin embargo, no haces nada con leerlo y no aplicarlo. A veces leemos libros y nos gustan, pero no queremos tomar los retos que nos sugieren. Luego de terminarlos, necesitamos hacer las aplicaciones prácticas. Sin esas aplicaciones, te quedarás a medias.

Como he sido yo el que he escrito, uso muchos ejemplos propios para inspirar. Pero, ¿quién soy yo realmente? Bueno, creo que mis ejemplos pueden inspirar a muchas personas que vienen detrás y no han pasado mis mismas situaciones. Pero hay muchos otros ejemplos de personas que te pueden inspirar. Hoy en día con el uso del Internet, podemos acceder a todo lo que nos podemos imaginar. Piensa en cualquier cosa y si no lo puedes encontrar en el Internet, posiblemente no existe. El primer ejemplo que sugiero que busquen, no necesariamente en el Internet, sino en la Biblia, es el de Jesús. El no tuvo límites. El impacto que causó va más allá del entendimiento de muchos de nosotros.

Si no eres una persona creyente, busca otros ejemplos más simples que puedas entender y te puedan inspirar. Busca ejemplos como el de Tony Meléndez y otros similares. Este personaje que nació sin brazos ha hecho tantas cosas con sus pies que si uno no lo ve, no lo cree. Así hay muchas otras personas que, bajo condiciones normales, podíamos pensar que iban a ser unos mendigos. Sin embargo, han causado un gran impacto.

Un ejemplo más simple puede se mi caso particular. Cuando niño, ¿hasta donde pensaba que podía llegar? No muy lejos. Posiblemente a imitar a mi papá, tener muchos hijos en el campo y ser un agricultor de subsistencia. Gracias a Dios, mis padres me inspiraron lo suficiente como para llegar hasta un punto de crear mis propias convicciones y volar con mis propias alas. Luego la mano poderosa de Dios trabajó en mí para darme una visión más allá de lo que yo hubiese podido hacer por mis propios medios.

Aunque muchas personas pueden considerar que me he rezagado un poco en mi enfoque profesional por enfocarme en mi relación con Dios, ha sido lo contrario. He podido volar más alto de lo que personas sin un enfoque espiritual se pueden imaginar. Muchas personas pueden creer que he desaprovechado mi potencial intelectual al decidir no continuar hacia mi Ph.D o no enfocarme en otros asuntos intelectuales. Sin embargo, creo que algunas de las contribuciones que estoy haciendo a la sociedad pueden hacer que la visión de muchos cambie. Se puede ver que desde cualquier enfoque, podemos hacer grandes contribuciones.

Nada nos debe impedir lograr nuestros sueños. Todos tenemos un gran potencial para superar cualquier adversidad. No debemos desperdiciarlo. Recientemente, pudimos ver el ejemplo de Barack Obama. Ha llegado a ser presidente en contra de algunas predicciones.

A través de este libro he mostrado varios ejemplos de mi vida. No quiero, bajo ninguna circunstancia, que vayan a pensar que quiero mostrar todas las cosas buenas que he alcanzado para mi gloria y honor. He usado muchos ejemplos para inspirar, pero quiero que vean también todos los obstáculos que he tenido que vencer. Si yo los he podido vencer, cualquiera puede hacerlo. No importa la limitante de recursos y todos los demás obstáculos. Todavía tengo muchos retos que vencer, muchas metas que alcanzar y mucho que cambiar de mi carácter para llegar a ser la persona que quiero ser para la gloria y honra de Dios y, ¿por qué no?, para mi satisfacción personal.

He pasado por muchas vicisitudes para llegar a ser lo que hoy soy. Como dijo Libertad Lamarque en una entrega de los premios El Casandra: "Nada, pero de todo corazón". Eso me impactó cuando lo oí. Uno esperaba que ella dijera la gran cosa que había llegado a ser. Sin embargo, ella consideraba que era nadie, pero se sentía orgullosa de lo que Dios le había permitido ser y lograr. Así debemos ser cada uno de nosotros. Debemos buscar escalar hasta el firmamento, pero no podemos dejar que nuestros logros nos hagan ser personas insoportables o impenetrables.

> *No dejes que tus logros te conviertan en una persona insoportable.*

El firmamento debe ser nuestro límite. Tenemos todo el espacio disponible para volar. Para eso necesitamos tener grandes metas y desarrollar un buen plan para alcanzarlas. No podemos dejar el logro de nuestras metas profesionales a la suerte. Necesitamos sacrificarnos en el presente para cosechar los frutos en el futuro. Para esto necesitamos pensar que siempre estamos en el presente. Como mencioné en el Capítulo V, no podemos echar fama y acostarnos a dormir pensando que ya lo hemos logrado todo. Necesitamos pensar que todavía queda un gran camino que recorrer.

Debemos ver ejemplos como el de Abraham. Cuando él pensaba que su vida estaba terminando, era cuando en realidad estaba comenzando. Dios le tenía una gran misión. La aceptó y pudo llegar a ser el padre de muchas naciones. Podemos también ver el ejemplo de Job. Luego de haber perdido todo, Dios se lo dio de nuevo. Además, le permitió vivir muchos años más para disfrutar de esas bendiciones. Así hay muchos otros ejemplos. Busca a quienes personalmente conoces y que te inspiren.

Hasta el día de hoy, he logrado sobrepasar mis expectativas profesionales. Pero no soy conformista. El firmamento es mi límite. Todavía hay mucho más que puedo lograr. Hay muchas contribuciones que me faltan por hacer a la sociedad. Es posible que yo piense que no quiero alcanzar ninguna otra meta para mi satisfacción personal y que quisiera sólo enfocarme en hacer contribuciones a la sociedad, compartiendo mi experiencia a través de mis libros. Hasta eso me conlleva al logro de otras metas y a recibir grandes satisfacciones que no estaban en planes. Ya he recibido muchas con todos los buenos comentarios sobre mis libros y el impacto que esperan que causen.

Uno no se imagina hacia donde va a fluir el viento. No nos imaginamos hacia donde vamos a llegar con los planes que hacemos. Debemos sembrar la semilla en el presente sin importar el sacrificio que eso conlleve. Luego, si somos pacientes, cosecharemos los frutos. El sacrificio desinteresado que hacemos en el presente va a dar sus resultados. Estos se verán, aunque no necesariamente en el tiempo que pensamos.

Como reflexión final, quiero sugerirles conjugar todos los elementos que he descrito en este libro para lograr la excelencia profesional. Debemos considerar los aspectos técnicos de nuestras profesiones. Pero no debemos descuidar otros aspectos claves, tales como los cambios que debemos hacer en nuestro carácter que nos impiden volar hacia el firmamento y lograr grandes metas. Como mencioné en el capítulo sobre el carácter, éste puede ser un gran obstáculo para el logro de nuestras metas profesionales.

Sin importar cual sea tu posición actualmente, técnica o gerencial, trabajo calificado o "no calificado", debes tener un enfoque gerencial y estratégico. No debes ser miope. Debes pensar en grande y a largo plazo. El logro de grandes sueños va a depender de cuán grandes sean tus metas. Si tienes metas pequeñas, te vas a conformar con poco. Si tienes metas grandes, es posible que nunca te satisfaga y te pases toda la vida luchando por lograr más.

El liderazgo es un aspecto que debes trabajar. Debes trabajar los aspectos de obediencia y sumisión a las personas que te supervisan, como también los aspectos de dirección hacia las personas que tú supervisas. Debes imitar los buenos ejemplos de liderazgo de otros buenos líderes y lo que se ha escrito al respecto. Debes buscar un liderazgo basado en servir y no en ser servido. Debes buscar un liderazgo que cause un impacto más allá de tu propia existencia inclusive.

Trabaja en equipo y no seas un cuello de botella. Busca siempre cómo contribuir con el equipo y no te conviertas en una sanguijuela siempre absorbiendo sin aportar. Respeta las ideas de los demás miembros del equipo y su forma particular de pensar. En equipo se van a lograr resultados que por tu cuenta no los lograrías. Aprovecha la sinergia.

Y finalmente, ten siempre una actitud positiva. Una buena actitud va a ayudar a que tu vida sea más relajada y productiva. Ten una buena actitud hacia tus superiores y hacia tus subalternos. Tus superiores tienen una gran carga tratando de lidiar contigo y otras personas con ideas diferentes. Por otro lado, tus subalternos no conocen todo lo que tú conoces. Por eso eres su superior. Da gracias porque no estás en la posición de ellos. No te sientas que te están absorbiendo. Siéntete feliz que ellos recurren a ti para orientación y no es lo contrario. Eso significa que Dios te ha dado más, incluyendo el sueldo.

El firmamento es tu límite. No te conformes con menos.

OTROS LIBROS ESCRITOS
POR WAGNER MÉNDEZ

Estrategias y Tácticas para la Excelencia Académica es un libro orientado hacia el estudiantado. El objetivo es que se use como una guía para desarrollar el máximo potencial académico como base para forjar el futuro profesional.

Aunque el mismo está orientado hacia el estudiantado, es también una guía didáctica para el profesorado. Este puede ser usado como referencia en las asignaturas de orientación académica. También puede ser usado en otras asignaturas y por cualquier otro estudiante a cualquier nivel. Mientras más temprano se interioricen estos conceptos, mejores resultados se pueden obtener de los mismos.

Es un libro fácil de leer. Sin embargo, el objetivo no es sólo leerlo. Hay que aplicarlo para obtener los buenos resultados.

Emprendedores: Principios para el Éxito en Países en Vía de Desarrollo provee la energía de activación para aquellas personas que están pensando iniciar un proyecto empresarial por cuenta propia y que todavía no se deciden. Ofrece también orientaciones a empresarios ya establecidos para aplicar ciertos principios gerenciales para mejorar la productividad y la eficiencia de sus empresas.

Aunque el libro no abarca todos los aspectos sobre el establecimiento y gerencia de proyectos empresariales, los principios que se incluyen pueden marcar la diferencia entre una empresa de crecimiento y una que se quede rezagada.

Añoranzas de mi Tierra describe verdaderas añoranzas de la República Dominicana. Voy a dejar que Luz Martínez y Blanca Kais Barinas lo describan.

En el prólogo del libro, Blanca dice lo siguiente: "Con una espontaneidad que cautiva, una inspiración limpia y un gran apego a su tierra, se nos presenta Wagner Méndez en este libro. Las vivencias de su pueblo, que retrata de forma sencilla y profunda, laten en cada palabra, cuando describe la esencia de lo que le rodea. Se nutre de nuestra realidad, con un profundo sentimiento de lo que conoce y ha vivido, de lo que ama y de lo que espera de su terruño. La nostalgia aflora en cada momento, remembranzas de un tiempo de sueños y luchas, llenos de expectativas y esperanzas.

Estos versos son frutos del cariño y el respeto que Wagner Méndez lleva en lo más profundo de su sentir, a la tierra de la que es parte y a la que ofrece en este valioso trabajo un homenaje de amor"

Por otra parte, Luz dice: "En esta obra, Añoranzas de mi Tierra, el autor y amigo Wagner Méndez transporta al lector de raíces dominicana a los más rotundos y añorantes momentos de su crianza. Sin importar en qué rincón del mundo te encuentres en el momento, Wagner te inspirará a recordar tus raíces y a valorar la calurosa ternura con la cual tu bella Quisqueya, tu tierra, te vio nacer. Wagner se esfuerza en ayudarnos a recordar a ese niño(a) que cada uno de nosotros todavía lleva en su interior. Te transportara a esos tiempos de los cuales sólo nos quedan los reflejos del recuerdo y la melancólica añoranza de momentos acongojados y sin igual".

Esta edición de
EL FIRMAMENTO ES TU LÍMITE
de Wagner Méndez
se terminó de imprimir en abril del 2009,
en los talleres gráficos de Editora Búho,
Santo Domingo, República Dominicana.

www.ingramcontent.com/pod-product-compliance
Lightning Source LLC
Chambersburg PA
CBHW061510180526
45171CB00001B/117